연결의 진화

부가가치를 만드는 지역의 실험

이 책은 2021년 대한민국 교육부와 한국연구재단의 지원을 받아 수행한 연구결과이다 (과제번호 : NRF-2021S1A3A2A01096330).

서강대학교 SSK(Social Science Korea) 지역재생 연구팀은 2018년부터 교육부(한국연구재단) 지원으로 지역창업과 중간지원조직을 중심으로 지역변화의 가능성을 연구하고 있다.

연결의 진화

부가가치를 만드는 지역의 실험

조희정 · 이영재 · 김영완

THE POSSIBILITY LAB

내 손에 잡히는 가치와 삶을 위하여

실속 있는 삶에 대한 고민, 부가가치가 필요하다

사전적 정의에 의하면 부가가치(附加價値, value added)는 '생산 제품의 총액에서 매입한 원자재 등 유입물을 공제한 순생산액' 혹은 '기업이 일정기간 동안 새롭게 만들어낸 가치'입니다.

부가가치는 생산과정에서 더해지는(added) 가치이며, 부가가치에서 인건비, 이자, 세금, 감가상각비 등 모든 고정비용과 변동비용을 빼면 순이익이 됩니다.

'매출−부가가치−(고정비용+변동비용)=순이익'

그러므로 매출을 늘리는 것도 중요하지만 우선 부가가치라도 만들어야 순이익을 기대할 수 있습니다. 대출이나 투자, 지원금 등 종잣돈으로 창업하여 제품을 만들어 최대 매출을 늘려봤자 부가가치가 쌓이지 않으면 계속 부채만 늘고 쫓기는 인생이 되기 마련입니다.

사업을 하든 그저 개인인생을 살든 마찬가지입니다. 수많은 크고 작은 기업체들은 매월 순이익을 남기고 싶고 개인들은 모두 실속 있게 살고 싶고... 그런 겁니다.

그러나 항상 부가가치세를 납부하는 현실에서도 어쩐지 부가가치는 실감하기 어렵습니다. 존재하니까, 가치가 발생하니까 세금을 내는 것일 텐데 도대체 그 가치는 어디에 있을까요?

지방에서 알짜가치 만들기

지방[1]에서도 부가가치는 중요합니다. 5극 3특이 되든, 지방분권이 되든, 생활인구를 등록하든 지방이 제대로 살아남으려면 '헛'가치가 아닌 '알짜'가치가 지역에 차곡차곡 쌓여야 합니다.

그런데 지방자치 30년이 훨씬 지난 역사에도 불구하고 여전히 지방의 상황은 어렵다고 합니다. 지방은 그저 수도권 생존을 위한 인력공급 장소로 존재하고, 인구가 급감하고, 고령자가 40%를 넘고,[2] 해가 지면 캄캄해서 다니기 어렵고, 사람들이 잘 모르는, 미래를 전망하기 어려운 어떤 피상적인 권역으로만 존재하는 것 같습니다.

'제도의 천덕꾸러기, 막대한 세금을 부어도 회생불가능한 곳, 지방.

모든 곳이 사람사는 곳이므로 지역이라고 부를 수도 있지만, 특히 수도권과 차별하여 '지방'이라고 불리며 소외된 지역들.

그 지방들은 이제 '소멸'[3]할 것이므로 가능성이 아예 없을까?

---

1) 이 책에서는 사는 곳이라는 일반적 의미의 '지역'과 비수도권을 의미하는 '지방'을 맥락에 따라 혼용하여 표현합니다. 가치중립적으로 지역이라고 표현하는 것이 적절하지만 사회적 통념이나 차별적 현상에 대해 비판적으로 접근하기 위해서는 때로는 '지방'이라는 표현도 필요하기 때문입니다.

2) 물론 2025년 우리나라가 초고령화 사회에 진입했다는 기준으로 보면 국가 전체의 65세 이상 인구 비율, 즉 고령화율은 20%입니다. 그러나 이미 오래 전부터 고령화율 40~50% 상태에 진입한 마을도 매우 많습니다.

3) '지방소멸'이라는 말이 왕왕 쓰이는 것이 현실이지만 이런 표현은 지방의 상황 개선에 어떤 도움도 되지 않습니다. 나오미 클라인(Naomi Klein)의 '쇼크 독트린(Shock Doctrine)'이라는 표현처럼 충

2,200만 명이 사는 수도권 밖에 3,000만 명이 사는데 어쨌든 그곳에도 사람이 살고 있으니 어떻게든 부가가치를 만드는 방법은 없을까?'

이런 고민으로 이 책을 시작합니다. 물론 지금도 지방의 위기를 야기한 구조적 원인들을 나름대로 교정하려는 움직임은 어떤 식으로든 진행되고 있습니다. 제도를, 조례를 좀 더 고쳐서 어떻게든 주민의 삶이 나아지게 하려는, 그런 거시적인 시도가 아예 없는 것은 아닙니다. 그리고 그것이 지방 위기에 대한 가장 근본적인 처방이 될 수도 있습니다.

그러나 거시적이고 제도적인 처방이 마치 낙수효과(trickle-down effect)처럼 작은 마을에 사는 사람들에게 촘촘히 혜택이 가기까지는 시간도 오래 걸리고 사실상 혜택이 미치지 못하는 경우도 많이 발생합니다.

상부구조로써 중앙정부나 광역지자체가 좋은 정책을 고안해도 그 정책이 확산되는 과정에서 정책 교정의 대상이 되는 하부구조 즉, 광역지자체와 기초지자체 그리고 마을의 구조가 왜곡되어 있으면 좋은 정책의 수혜를 받기 어렵습니다.

물론 상부구조는 다 옳고 하부구조는 다 나쁘다는 말은 아닙니다. 다만 사회의 어떤 지점을 거시적으로 교정하는 것은 매우 어렵고 늘 긴장관계나 돌발변수가 발생할 수 있기 때문에, 혹은 고질적인 병폐 때문에, 오랜 시간에 걸쳐 점진적 변화라도 나타나면 다행인 상황입니다. 즉, 제

격과 공포를 강조하며 정책의 정당성을 확보하려는 것이기 때문입니다(Naomi Klein. 2007. *The Shock Doctrine: The Rise of Disaster Capitalism. Picador USA*, 김소희 역. 2008.『쇼크 독트린: 자본주의 재앙의 도래』. 살림Biz.). 즉, 다른 구조적 원인 때문에 지방소멸이라는 결과가 나올 수 밖에 없게 된 현실을 은폐하는 것이 더 근본적 문제입니다.

도 개선과 구조 변화는 시간이 너무 오래 걸립니다. 이 시점에서 뭐라도 해야 하는데 어느 지점에서 어떻게 해야 하는지 모르겠다고 말하는 사람들도 많습니다.

그래서 이 책은 '분수효과(trickle-up effect)를 지향하며 자치 중심의 자구책을 시도하며 실익을 추구해야 한다'는 접근법을 제시합니다. 차선의 접근일지 모르지만 현실에서는 오히려 이런 접근이 먼저 필요한 것 같습니다.

제도, 혁신, 분권, 구조 등 추상적 의미의, 보는 사람마다 다르게 평가하는, 거창한, 그래서 이해하기 어려운 공허한 가치 개념이 아니라 뭐라도 더해져 내 손에 남는 실속 있는 알짜 가치를 추구하는 접근법이 필요합니다. 이것을 '작은 마을의 자치 중심 부가가치 생산법'이라고 정의했습니다.

만약 작은 마을에서 주민이 잘 협의하여 좋은 부가가치를 만들었는데 규제, 독점 등의 제도적·구조적 장벽에 부딪힌다면 그때 가서 문제를 다른 차원으로 해결하는 것이고, 일단은 제대로 된 부가가치 만드는 법을 익히는 게 먼저입니다.

대단한 성공은 아니더라도 '되는 꼴'을 보고 '되는 것도 있구나'하는 효능감을 더 많이 느껴야 힘도 나고 괜찮은 방향으로 살아갈 수 있습니다. 그러기 위해서는 작은 단위부터 순차적으로 접근하는 것이 효과적입니다.

구조 파악이 쉬운 작은 마을 접근법

작은 마을에 주목한 이유는 너무 큰 지역은 모든 일이 복잡한 구조로 이루어지므로 개인들이 정확한 시사점을 얻기 어렵기 때문입니다. 하나의 변화가 발생한다 해도 그것이 어떻게 진행되는지 가늠하기 어렵습니다. 영향을 미치는 원인들이 많고, 모든 상호작용은 파악하기 어려운 깜깜이 상태에 있는 경우가 많습니다.

반면 인구 1만 명 이하의 작은 마을은 상대적으로 구조가 심플하여 변화과정을 투명하게 볼 수 있고 변화에 영향을 미치는 요인을 파악하기도 쉽습니다. '어느 집에 숟가락이 몇 개 있는지 안다'는 의미의 파악이 아니라 '새로운 사업이 시작되었는데 누가 어떻게 추진해서 어디에 어떤 이익이 돌아갔군' 정도의 내용을 개인이 쉽게 파악할 수 있다는 의미입니다.

고요하고 조용한 마을에 어떤 새로운 서비스, 제도 등이 나타나 마을을 변화시켰을 때, 마을 주민이 협력하여 마을의 상태가 나아졌다면 '사람'과 '협력' 그리고 서비스나 제도가 좋았기 때문이라고 말할 수 있겠지요. 반면 서비스나 제도 효과도 없고 마을의 사정이 나아지지 않는다면 어디에선가 반드시 원인이 있겠지요. 작은 마을에서는 그 원인을 찾기 쉽기 때문에 해결책도 찾기 쉽습니다.

즉, 사람이 없어서, 돈이 없어서, 자원이 없어서 문제가 발생한다 해도 일단 내가 사는 곳이 나아지기 위해서는 성급히 해결책을 모색하기보다 내가 문제를 깊이 인식하는 게 순서입니다. 규모가 적을수록 원인을 분명하게 파악할 수 있고, 원인을 분명하게 알아야 개선점을 찾을 수 있다는 점에서 사회현상 특히 지방의 문제는 마을 단위로 접근해야 좀 더 영양가 있는 시사점을 얻을 수 있습니다.

참고로 인구 규모는 (꼭 1만 명 이하라고 특정할 것이 아니라) 어쩌면 20만 명 이하가 될 수도 있습니다. 그러나, 2025년 기준으로 서울을 제외한 238개 지자체 가운데 20만 명 이하 규모의 지역은 144개(61%), 10만 명 이하는 104개(47%)에 달합니다. 굳이 정확한 기준치에 집착할 필요는 없지만 사실 10만 명 이하도 개인이 파악하기엔 큰 구조라고 할 수 있습니다.

또한 연구팀이 연구한 일본 사례에서도 우리나라와 같은 지방 문제가 반복되고 일본의 지방사정도 어렵긴 마찬가지이지만 그나마 오랜시간동안 뭔가 구심력을 갖고 꾸준히 노력하여 일정 정도 상승세를 유지하는 몇 개 지역은 모두 1만 명 이하의 작은 마을이었습니다.

자치로 시작하는 부가가치 만들기

자치라는 말은 쉽게 설명하기 어려운 말입니다. 하지만 한편으로 자치는 '자기 스스로 통치하는 것'이라는 쉬운 말이기도 합니다.

모두 협력하여 마을의 살림을 꾸려나간다면 정말 좋겠지만 생업도 벅찬 마당에 모두 마을의 일에 관심 있는 것도 아니고, 관심이 있어도 정말 가서 참여하고 싶은 커뮤니티나 자치회가 보이지도 않고, 어렵게 그런 조직에 들어가도 어떻게 해야 일이 잘 진행되는지 모르는 경우가 많습니다. 섣부르게 취지가 좋은 것 같아서 참여했다가 오히려 일만 덤탱이쓰고 혹사당했다는 불평도 많습니다. "새로운 참여자로서 기대를 한

몸에 받았는데 이 조직에 실망했으니 나가고 싶습니다"라고 용감하게 말하기 어려운 상황도 자주 발생합니다.

사회적 협동조합, 주민자치회, 마을기업, 지역운영조직뿐만 아니라 마을에 각종 00회, 00모임 등이 모두 자치를 기본 가치로 설정하고 진행하는 일이지만 정작 그런 모임이나 기업에서 역동적으로 '아, 살 만하다', '아, 재미있다', '아, 내일 또 새로운 일을 하고 싶다'는 느낌을 받기 어렵습니다. 힘들다, 싫다, 피곤하다는 느낌만 받는다면 어떤 곳에서도 살기 힘들 것입니다.

그렇다고 거창한 지방자치제도 뭐 이런걸 이야기하자는 것은 아닙니다. 그저 어디에선가 마을에 살 때, 개인의 삶과 마을의 삶이 잘 어우러져 기왕이면 같이 일을 도모하여 부가가치를 만들면 좋을 텐데 그렇지 못해서 점점 사는 게 힘들어지는 것 같으니 '자치'에 대한 관심을 갖는 것에서 노력을 시작해보자라는 이야기입니다.

부가가치를 함께 자발적으로 만드는 구조

마을에는 많은 것이 있습니다. 전통자원도 있고, 오가는 사람늘, 오래 살아온 사람들, 상가·우체국·병원·학교·놀이터·소방서·경찰서·공원·행정기관·커뮤니티센터 등 사회 인프라가 있습니다. 여기저기에서 인구도 줄어들고, 초고령화 시대여서 사람 구경하기 힘들고, 상가는 점점 줄어들고, 사회 인프라가 없는 곳들도 많다고 아우성이기도 합니다.

정부는 정부대로 무슨 무슨 사업을 계속하지만 어쩐지 주민에게 그 혜택이 제대로 돌아가는 것 같진 않습니다. 어디서 뭐가 잘못된 것일까요?

일단 시대가 변했습니다. 민주적 제도가 갖춰지지 않아서 제도라는 틀을 만드는 것이 시급했던 1980년대 후반만 해도 과거의 권위적 제도를 바꿔 민주적 제도로 만드는 것이 무엇보다 중요한 일이었습니다.

그런데 시간이 흘러 제도의 틀이 형성된 후, 2000년대 인터넷 대중화 시기가 되자 좀 더 개인의 참여를 실질적으로 독려하는 제도가 중요해졌습니다. 많은 사람이 실시간으로 정부와 제도가 어떻게 작동되는지 알 수 있는 툴(tool)을 갖춘 상황이 되니 정부와 제도의 반응성이 중요해진 것입니다.

이 시기에 수많은 정부서비스들이 인터넷에 홈페이지를 개설하고 공개적인 시스템을 만들었고, 그 흐름은 지금도 이어지지만 정말 편한 기분으로 이용할 수 있는 정부 시스템은 별로 없습니다. 그나마 상업적 서비스들이 많이 온라인화되었지만 그 시스템들조차 소비자를 제대로 대우하며 참여하도록 유도하는가하는 부분은 여전히 의문입니다.

2020년대, 지금은 AI를 넘어서 AGI(Artificial General Intelligence, 인간처럼 다양한 상황에서 생각·학습·창작을 할 수 있는 범용 인공지능)를 가늠하는 시대입니다. 과거처럼 적당한 반응성만 추구해서는 정부와 제도가 사회를 따라가기 어려운 시대가 되었습니다. 과거의 행정 작동방식을 뿌리부터 바꿔야 할 시점입니다.

그 노력은 좀 더 효율성 높은 '자치'에 집중하며 진행되어야 합니다. 좀 더 개인의 권능(empowerment)에 집중하여 정부·기업·시민사회가 역동적으로 움직일 수 있는 방안을 모색해야 합니다.

내가 마을에 살고 있고, 나는 때로 이런 일을 하고 싶고, 이런 문화 실천을 하고 싶고, 이런 마을문제를 해결하고 싶다는 그런 다양한 의견들이 잘 모이고 잘 추진될 수 있는 구조가 필요합니다. 그 다음이 되어야 기업이 유지되고 정부가 유지될 수 있습니다.

마을 구조를 제대로 만들지 않은 채, 백날 의견을 수렴해봐야 그 뜻은 현실화되기 어렵고, 백날 주민을 교육해봐야 행정이 반응하지 않으면 변화는 요원하며, 백날 상품을 만들어봐야 운 좋으면 어떤 곳은 대박이 나겠지만 그건 그 사람의 성공일 뿐 마을의 변화에 좋은 영향을 미치기 어렵습니다.

즉, '부가가치를 함께 자발적으로 만드는 구조'에 대한 궁리가 필요합니다. 공동체의 삶을 위해 개인의 삶이 희생될 필요는 없습니다. 우선 내가 많이 벌어 잘 살게 되면 마을에서 봉사도 해야지 그런 식으로 개인 중심으로 생각하는 것도 사실 별로 좋은 방식은 아닙니다.

더디더라도 모두 함께 조금씩 잘 벌고 잘 사는 연습을 하는 것이 더 좋은 마을의 미래를 만들 것이며 그 시작은 지금 하는 행동에서 (큰 가치 실현을 목표로 할 것이 아니라) 어떻게 살뜰하게 부가가치를 만들것인가 하는 고민을 해야한다, 이것이 이 책이 말하고자 하는 것입니다.

마음의 부가 가치

제1부는 눈에 보이지 않는 것, 추상의 것이 만드는 부가가치를 이야기합니다.

제1장은 의자에 관한 이야기입니다. 정확하게는 고마운 마음을 표현

한 의자에 관한 이야기입니다. 인구 8천 명의 어떤 작은 시골마을에서는 아이가 태어나면 의자를 만들어줍니다.

'태어나줘서 고맙다고 네가 커서 이 마을을 떠나도 이 의자처럼 이곳엔 네 자리가 언제나 있으니 마음 놓고 돌아와도 좋다'는 메시지를 전하는 의자입니다.

의자를 받은 아이가 무럭무럭 자라서 그 마을을 떠났다가 의자에 대한 기억이 너무 고마워서 귀향했다는 동화 같은 이야기가 아닙니다. 의자를 매개로 사람들을 연결하고 마을의 가구산업도 번영하고 전국적으로 좋은 이미지의 지역이 되었다는 조금 희한한 이야기입니다.

이 이야기에서 부가가치를 만든 핵심은 물성을 가진 의자가 아니라 사람의 탄생을 축복하는 '따뜻한 마음'입니다.

교육의 부가가치

제2장은 교육, 특히 지역살이 전문 대학의 이야기입니다. '학교라니, 또 열심히 배우라는 이야기인가?'라고 생각할 수도 있겠지만 이 대학은 조금 새로운 방식으로 배움을 진행합니다.

이 대학의 핵심은 '최소한 4년에 4개 지역의 지역살이를 경험하고 배운다'입니다. 한달살이 워케이션, (단기) 체험학교, 장기체류 등의 접근이 아니라 자기 프로젝트(my project)를 만들어서 그 프로젝트로 과연 마을에서 살아갈 수 있는가를 시험해보는 것입니다.

입시, 경쟁, 더 좋은 스펙으로 학업성취를 채워나가는 것이 보통의 방식이라면 결국 그 모든 성취는 잘 살기 위함이니 그러면 본격적으로 모

두 함께 잘 살기를 배워보자는 것입니다. 이러한 교육이념을 '배움 3.0'
이라고 명명했습니다.

그 과정에서 학생이나 그 학생을 받아들이는 마을은 삶에 대한 태도
가 변할 수 있고 그런 경험은 좋은 부가가치 자산이 될 수 있습니다. 물론
그런 학습방식을 도입한 '이 대학은 정말 훌륭한 대학이니 모두 그 대학
에 입학하세요'라고 말하고자 하는 것은 아닙니다.

일방적으로 특정 대학을 홍보하려는 것이 아니라 마을, 지역살이에
대한 새로운 접근으로 사회·문화 그리고 경제적 부가가치를 만들 수 있
다는 이야기를 하는 겁니다.

관계의 부가가치

제3장은 관계인구 등록제에 관한 이야기입니다. 일본의 후루사토 주
민등록제와 우리나라의 생활인구 등록제는 2025년부터 동시에 시작한
대표적인 관계인구 늘리기 사업입니다.

주민 수가 줄어드니 마을을 오가는 사람(관계인구)을 늘려서 마을 발
전을 도모해보자는 움직임이 여기저기에서 만들어지고 있습니다. 주민
뿐만 아니라 지역에 관심 있는 사람도 있을 테니 좋은 아이디어 같습니다.

그런데 마음이 너무 앞선 나머지 그 방식이 꼬이는 경우가 왕왕 발
생합니다. 지역 입장에서는 노골적인 호객행위를 해서라도 많은 사람을
관광객 모으듯 끌어들이고 싶지만 외지인들은 사실 어떤 곳에 어떤 지
역이 있는지 그 지역의 명칭도 잘 모르거나 아예 관심이 없는 것이 보통
의 현실입니다.

일방적으로 '우리 지역에 와주세요'라는 호소에 진정으로 반응하는 사람이 몇 명이나 될까요? 정부는 정기적으로 생활인구 통계를 발표하지만 그 시기에 방문한 사람들이 그 지역에 또 갈까요?

정부는 정부대로 지방을 살린다고 많은 돈과 여러 사업을 진행하지만 그 효과가 잘 나타났다면 '지방이 위기'라는 말은 진작에 없어졌겠지요. 아무튼 관계인구를 만들겠다고 소위 '증'을 주는 노력을 하는데 과연 그렇게 사람을 늘려서 어떤 부가가치를 만들어서 어떤 이득을 볼 수 있을까요?

성급히 '증'을 부여하여 그 발급규모만큼 지역의 관계인구가 늘었다고 생각하기 전에 무엇을 더 고려해야 할까요? 제3장은 관계인구 확대 사업이라는 관계 연결 프로젝트가 놓치는 지점 그리고 인구로 부가가치를 만드는 의미에 대해 이야기합니다.

부업의 부가가치

제2부는 물질 자본, 특히 돈에 대한 이야기입니다. 어쩌면 사람들이 가장 쉽게 부가가치를 실감하는게 돈과 관련된 부분이겠지요.

제4장은 부업을 연결하여 부가가치를 만드는 사례를 소개합니다. 4대보험을 해결해주는 직장에서 부업·겸업에 한눈 팔지 말고 열심히 일하는 논리가 여전히 지배적입니다. 그러나 알게 모르게 코인을 하든 아르바이트를 하든 대출로 오피스텔을 사서 세를 놓든, 수입을 더 늘리고자 하는 개인의 노력을 뭐라 할 수 없는 상황이기도 합니다.

최근 일본 정부는 공무원의 부업·겸업을 (제한적인 조건에서나마) 허용한다고 공식적으로 발표했습니다. '가능한 선에서 부업을 하면서 지역도 알아가는 기회를 만들면서 서로에게 윈윈을 만들자'는 회사들이 일본에는 꽤 많습니다.

우리나라도 점점 그렇게 될 것 같은데, 일단은 지금 이 시대에 부업과 지방을 연결하는 것이 어떤 의미가 있으며 거기에서 생기는 수입으로 어떤 부가가치가 생길 수 있는지 살펴보았습니다.

지역화폐의 부가가치

제5장은 지역에서의 체험을 연결하여 화폐 가치를 만드는 '마을의 코인' 서비스를 소개합니다. 코인이라면 비트코인부터 떠오르겠지만 마을의 코인은 일종의 지역화폐입니다. 지역화폐는 제도화폐나 법정화폐와 다른 대안화폐로써 특정 지역에서만 통용되는 화폐입니다.

그래봐야 유가증권이니 돈 없으면 말짱 황이라고 생각할 수도 있지만 기왕이면 게임하듯 부담없이 지역에서 이곳저곳 다니면서 지역의 사람도 만나고, 지역의 공간도 경험하고, 지역 활성화에 기여하며 지역의 삶에 좀 더 익숙해지면 좋겠지요.

제5장의 사례는 기존의 '화폐=돈=부(富)' 공식과 달리 '화폐=경험=행복'이라는 새로운 공식을 만드는 사례입니다. 부의 축적만큼 경험의 축적도 소중한, 어쩌면 궁극적인 행복을 실현하는 효율적인 방식이라는 것을 알려주는 사례입니다.

먹거리의 부가가치

제6장은 먹거리로 도시와 지방을 연결하는 사례를 다룹니다. 먹거리와 지방이 연결되는 대표적인 방식은 산지직송입니다. 중간 플랫폼을 거치지 않기 때문에 신선하고 값싼 제철재료를 먹을 수 있습니다. 그런데 그게 다 일까요? 지방은 도시를 위해 신선재료나 식품만 보내면 끝일까요?

제6장은 서비스를 통해 먹거리 '를' 공급하지만 먹거리 '만' 공급하는 게 아니라, 생산자와 공급자라는 사람을 연결하는 회사의 성장기입니다. 먹거리와 관련된 많은 파생상품으로 풍부한 부가가치를 만들어 '먹거리 세계관'을 구축한 사례이기도 합니다.

또한 이 회사의 성장과정에서 제시된 '사회적 재무제표'는 경제적 재무제표가 설명하지 못하는 사회적 가치 평가의 중요성을 이야기하고, 숫자에 매몰되는 양적 평가가 아니라 관계와 경험에 소중한 가치를 부여하는 질적 측정법의 중요성도 제시하기 때문에 시사하는 바가 많습니다.

무인역의 부가가치

제3부는 무(無)가치를 가치로 전환하는 노력에 대해 이야기합니다. 무가치하다는 통념을 깨고 부가가치를 만들어내는 노력들에 대한 이야기입니다.

제7장은 무인역으로 황폐해진 마을을 연결하여 부가가치를 만들어내는 서비스를 소개합니다. 사토로그 마을 호텔은 무인역과 마을을 이어 호텔의 기능을 분산시키려는 시도입니다.

무인역 문제이니 만큼 철도회사도 적극적으로 협력합니다. 무인역 주변의 마을은 이 마을 호텔 프로젝트를 통해 주민의 취업이나 빈집 개조, 신사업 창출, 마을 환경정화 등의 부가가치를 성취했습니다. 방문객은 무인역과 마을이 조용한 정취를 느끼며 행복한 여행을 합니다.

마을 호텔 시도가 점점 늘고 있는 현실에서 이런 프로젝트의 파급력이 어느 정도일지 분석해보았습니다. 또한 다른 마을 호텔에 비해 고가 서비스라는 차별화 전략을 취하는 것의 의미는 무엇인지 알아보았습니다.

없음의 부가가치

제8장은 '없음'을 연결하는 역발상으로 프로젝트를 추진하는 아마섬 사례를 다룹니다. 국내에도 잘 알려진 사례이지만 최근 15년 동안 워낙 급변한 지역이기 때문에 내부 구조를 좀더 상세히 살펴보았습니다.

없음과 결핍의 대명사이기도 한 섬 지역에서도 의미 있는 부가가치 창출이 가능하며, 전략을 만들고 사업을 진행하는 과정이 예사롭지 않습니다. 진행하는 사업이 꼬리에 꼬리를 물고 진화하고, 이해하기 쉬운 유용한 가치를 표방하며 지역 내외에 연결과 협업 구조가 형성되고 있습니다.

그 종류가 많고 의미도 깊어서 몇 쪽으로 정리하기 힘든 풍부한 사례와 시사점을 제공합니다. 불과 2,250명의 작은 섬마을에서 '없다'는 가치를 어떻게 '있다'로 전환했는지, 그리고 가치의 선순환을 어떻게 집요하게 추구하고 있는지 알아보았습니다.

디지털의 부가가치

대표적으로 보이지 않는 것, 그러나 우리 일상생활에서 빠지지 않는 것이 디지털입니다. 누군가는 가상세계라고 하고 누군가는 온라인이라고도 합니다. 인터넷이 보편화된 지 고작 25년 만에 우리는 AI세계, AGI를 기대하는 시대를 살고 있습니다. 이러한 디지털 기술로 지방에서 부가가치를 만든다? 과연 그게 가능할까요?

제9장에서는 NFT와 DAO를 중심으로 지역 자원의 디지털화, 지역 공동체의 투명한 운영이 가능한 조직 형태가 만든 부가가치를 정리합니다. 많은 지역의 활용을 부문별로 정리하여 디지털과 지역을 연결하는 방식을 알아보았습니다.

우리 사회는 일본보다 훨씬 더 IT 사용을 보편적으로 사용함에도 불구하고 지방과 IT를 연결하는 프로젝트가 다양하다고 보기 어려운 이미지가 있습니다. 따라서 좀 더 실용적으로 IT를 사용할 수 있는 사례에 대해 알아봅니다.

마음, 교육, 관계, 부업, 지역화폐, 먹거리, 무인역, 없음, 디지털. 이 9개의 키워드를 중심으로 지방이 조금 더 자치적으로 실익 있는 부가가치를 만드는 과정과 방법을 살펴봅니다.

물론 앞으로 훨씬 더 많은 키워드가 발견되기를 바라며 연구하는 중이며 하나의 키워드가 완결된 구조를 이루는 사례를 중점적으로 분석하여 '연구의 부가가치'도 얻고자 합니다.

실속 있는 삶을 위한 세계로 여러분을 초대합니다.

제1부

마음의 연결

제1장

의자로 연결할 수 있는 모든 것, '너의 의자' 프로젝트[4]

인구 8,400명의 히가시가와

홋카이도 히가시가와(東川)[5]는 이런저런 프로젝트의 성공으로 이주 희망자가 줄 서는 걸로 유명한 작은 마을입니다. 마을 홈페이지에 들어가보면 12개의 주요 자랑거리[6]가 있지만 그중에 특히 '사진 마을'로 유명해서 매해 열리는 사진 페스티벌에는 전 세계인들이 참여하는 국제적인 마을이기도 합니다.[7]

---

4) 이 글은 「더가게」에 게재한 "의자로 연결할 수 있는 모든 것"(2025.07.08., https://blog.naver.com/small2great/223926383832)을 수정한 글입니다.

5) 우리나라에서는 히가시카와라고도 읽습니다.

6) 히가시가와의 12개 자랑거리는 ① 적절하게 인구가 적은 마을, ② 가구 마을, ③ 문화 갤러리, ④ 사진 대회, ⑤ 천연수, ⑥ 최고의 쌀농사 지역, ⑦ 국제사진축제, ⑧ 일본 최초 공립 일본어학교, ⑨ 초등학교, ⑩ 오다의 의자 컬렉션, ⑪ 센터퓨어 커뮤니티센터, ⑫ 건강한 마을입니다(https://higashikawa-town.jp).

7) 사진 마을이란 단지 사진이라는 특정 아이템을 선정하여 축제를 개최한다는 의미는 아닙니다. '사진 찍히기 좋은 주민들의 밝은 표정을 만들기 위해 노력하는 마을'이라는 깊은 의미가 있습니다.

〈 히가시가와의 커뮤니티센터 '센터퓨어'의 외관과 내부 〉

* 출처: https://higashikawa-town.jp/CENTPURE,
https://higashikawa-town.jp/portal/rashisa/panel/169

마을 한가운데 있는 '센터퓨어(せんとぴゅあ, center pure)'는 도서관, 전시장, 일본 최초 외국인 대상의 공립일본어학교, 카페, 강당, 체육관, 공유주방, 미팅룸 등을 구비한 복합 커뮤니티센터입니다. 정확히 말하면 용도를 특정하지 않고 '새로운 공공시설' 콘셉트로 운영하는, 오가는 누구나 편하게 방문할 수 있는 개방적인 공간입니다.

매머드급 커뮤니티센터를 운영하지만 히가시가와는 아사히가와공항에서 차로 10분이면 도착하는, 고작 인구 8,400명의 사방이 논밭인 작은 시골마을입니다.

또한, 히가시가와는 일본에서는 보기 드물게 지역 변화와 지역살이에 관한 깊이 있는 소개서가 여러 권 출판된 곳이기도 합니다. 그중의 한 권은 우리나라에서 번역출판되기도 했습니다.

지역의 오래된 역사나 관광 정보를 소개한 책이 많이 출판될 수도 있지만 누구나 쉽게 이해하고 읽고 나면 지역재생의 시사점을 많이 얻을 수 있는 책을 많이 출판한 곳은 일본에서 히가시가와와 가미야마 지역

뿐입니다. 모든 지역이 이렇게 좋은 인문학 서적을 가진다면 지역에 대한 이해도 더 깊어지지 않을까요?

너의 의자 프로젝트

출판된 책이 많은 만큼 히가시가와의 이야기와 특징을 몇 페이지의 글로 다 설명하기는 어렵습니다. 그 가운데 '의자'를 중심으로 연결에 관한 첫 번째 이야기를 풀어보려고 합니다.

이 마을의 커뮤니티센터인 센터퓨어에 들어서면 입구에 어린아이가 의자에 앉아 있는 사진, 그리고 매우 아름다운 가구 전시장과 서가가 보입니다. '응~ 가구가 유명한 마을인가보군.' 이 정도로만 생각할 수도 있지만 그보다 훨씬 재미있고 의미 있는 프로젝트가 많은 마을입니다.

가장 대표적인 것이 '너의 의자(君の椅子)' 프로젝트입니다. 2006년 시작되어 2025년까지 20년째 이어지는 너의 의자 프로젝트는 아사히가

〈 '너의 의자' 프로젝트 10주년 기념전 포스터(2015년) 〉

* 출처: https://www.asahikawa-u.ac.jp/post-150609-4324/

와시립대학 이소다 켄이치(磯田憲一) 교수가 제안했습니다.[8]

　'아이가 태어나면 탄생을 축하하며 불꽃을 쏘아올리는 마을도 있다
는데 기왕이면 마을에서 자란 나무에 장인의 기술로 생명을 불어넣어 새
로운 주민으로 태어나는 아이에게 경의를 표하면 어떨까?'하는 발상으
로 시작되었습니다.

　이 프로젝트의 핵심 메시지는 '태어나는 아이를 맞이하는 기쁨을 지
역 사람들과 나누고 싶다', '태어나줘서 고마워. 너의 자리는 여기란다.

---

8) 아사히가와시립대학의 너의 의자 프로젝트 연구실은 https://www.asahikawa-u.ac.jp/page/kiminoisu
_project.html 참조.

커서 다른 곳에 가더라도 여기에 네 자리가 있다는걸 기억하렴'입니다. 사람의 소중함과 지역의 장인정신을 기리고 싶다는 그 취지에 공감하여 히가시가와뿐만 아니라 많은 지자체들도 함께 합니다.

이소다 켄이치 교수의 제안을 처음 받아들인 곳이 히가시가와입니다. 지금은 너무 유명한 프로젝트가 되어 홋카이도 전지역의 11개 지자체[9]가 참여하여 20년간 2,500개 의자를 아이들에게 선물했습니다. 매해 다른 의자 디자인을 공모하고 선정하여 각 지자체들이 의자를 주는 증정식은 히가시가와에 모여 진행합니다. 아이가 태어날 때 제작을 시작하여

〈 '너의 의자' 증정식 〉

* 출처: https://tinyurl.com/2b75wppq

---

9) 너의 의자 프로젝트에 참여하는 지자체들은 히가시가와쵸(東川町), 겐부치쵸(劍淵町), 아이베쓰쵸(愛別町), 히가시카구라쵸(東神楽町), 나카가와쵸(中川町), 나카톤베쓰쵸(中頓別町), 맛카리무라(真狩村), 루스쓰무라(留寿都村), 도마리무라(泊村), 가모에나이무라(神恵内村), 가쓰라오무라(福島県葛尾村) 등 11개입니다.

100일이 되면 증정합니다.

사람의 소중함과 장인 정신을 기리는 마음

제작과정은 이러합니다. 디자이너가 정성껏 그린 디자인을 바탕으로 목재장인이 홋카이도에서 자란 원목으로 의자를 제작합니다. 물론 아이가 태어나자마자 제작하기 때문에 재고가 있는 상태는 아닙니다.

〈 매해 다른 '너의 의자' 디자인 〉

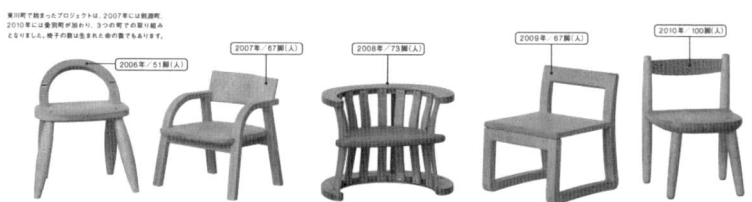

* 출처: https://www.muji.net/img/lab/booklet/pdf/lab_booklet06.pdf

〈 '너의 의자' 세부 구조 〉

* 출처: http://www.agtec.co.jp/?page_id=249

매해 의자 디자인과 제작을 하는 장인을 선정하기 때문에 디자인이 다르고 의자 밑면에는 아이 이름, 생년월일, 일련번호, 프로젝트 로고가 각인된 '세상에 하나뿐인 의자'입니다.

매해 태어난 아이에게 의자를 선물하다보니 주민들도 자연스럽게 올해 우리 마을에 몇 명이 태어났다는 것을 알게 됩니다. 히가시가와에서는 2006년에 51명이 태어났는데, 5년만인 2010년에는 100명이 되어 두 배나 많은 아이들이 태어났다고 합니다.

부모들은 자신의 아이의 탄생을 온 마을이 축하해줘서 고마워하고, 그 해의 의자 제작에 참여하게된 공방도 자부심을 느껴 모두에게 유익한 프로젝트가 되었습니다. 2019년 히가시가와는 마을 차원에서 지역의 무형민속문화재로 '너의 의자'를 지정하기도 했습니다.[10]

의자 클럽과 의자 연구

여기에서 그친다면 그저 작은 시골의 아름다운 도전 정도에 끝나는 이야기겠지요. 그러나 이 프로젝트의 파급력은 생각보다 더 크게 나타나고 있습니다.

지자체뿐만 아니라 개인들도 참여하고 싶다는 요청이 폭발하여 2009년부터 '너의 의자 클럽'이 운영되고 있습니다. 말하자면 '너의 의자'의 취지에 공감한 사람들이 지역을 초월한 느슨한 커뮤니티, 가상의 마을을 만든 것입니다.

---

10) https://bunka.nii.ac.jp/heritages/detail/453909

이 커뮤니티는 자발적으로 너의 의자를 제작하고 대도시 삿포로에 의자 공방에서 만나 소통합니다. 이분들이 지금까지 제작한 너의 의자도 2천여 개라고 합니다. 개인적으로 의자 제작을 의뢰할 수도 있는데 생후 3일 만에 죽은 딸에게 의자를 만들어주고 싶다는 신청자도 있었다고 합니다. 의자의 특별한 의미를 느낄 수 있는 사연입니다.

단지 의자만 만드는 것이 아니라 기록하고 분석하여 의자와 마을이 맺는 관계를 다각적으로 연구하는 출판물도 많습니다. 단순한 이벤트에 그치는 것이 아니라 의자를 매개로 새로운 세계관을 만드는 것이지요.

〈 삿포로 의자 공방에 전시되어 있는 다양한 디자인의 '너의 의자' 〉

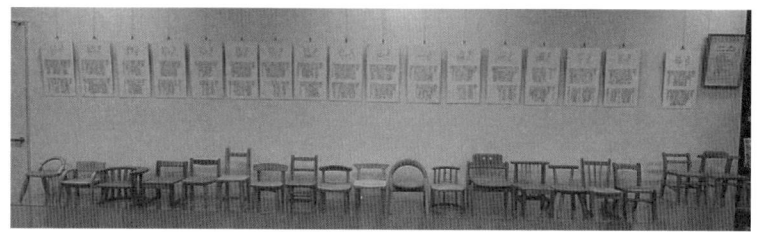

* 출처: https://tinyurl.com/2b75wppq

〈 '너의 의자' 관련 출판물 〉

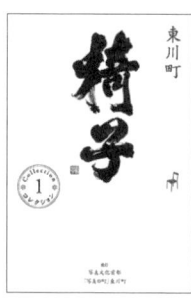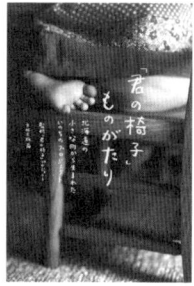

* 출처: https://tinyurl.com/2b7no5zb, https://tinyurl.com/24mkp6nv, https://tinyurl.com/2yahfuxq

의자 수집가의 의자가 지역문화재로

히가시가와에는 세계적인 유명 건축가 쿠마겐 코(隈研吾)의 작업실이 있습니다. 마을의 곳곳에 쿠마겐 코의 아름다운 건축물이 있습니다.

그리고 의자 수집가로 유명한 오다 켄지(織田憲嗣)의 의자 수집품 8,000여 점, 관련 자료 20,000여 점이 있어서 정기적으로 센터 퓨어에 전시됩니다. 히가시가와 마을사무소는 '오다 컬렉션'이라는 이 수집품들을 마을의 문화재[11]로 등록하여 많은 사람들이 자긍심을 갖고 아름다운 작품을 언제나 편한 마음으로 향유할 수 있는 기회를 제공합니다.

〈 오다 컬렉션 〉

HIGASHIKAWA
DIGITAL ARCHIVE
東川町文化財デジタルアーカイブ

織田コレクション

織田コレクションとは、椅子研究家の織田憲嗣氏が長年にわたり収集、研究をしてきた近現代における優れたデザインの日用品に関する資料群を指します。その種類も多岐にわたり、質量ともに世界のデザインミュージアムに匹敵する資料となっています。貴重な資料と研究実績から、織田コレクションへの評価は高く、世界中から注目を浴びる内容となっています。

* 출처: https://higashikawa-bunnkazai-archive.jp/oda.html

---

11) 히가시가와의 자체적인 유무형 문화재 등록 현황은 https://higashikawa-bunnkazai-archive.jp/ 참조.

의자에서 목공산업으로

의자 생산, 전시, 커뮤니티, 문화는 지역의 목공산업으로도 연결됩니다. 마을 주민의 40%가 목공 관련 일에 종사하고, 전문 목공방이 늘었고, 목공방이 자체적으로 공방 쇼룸 역할을 하는 게스트하우스를 만들어 지역 나무에 대해 하나하나 알려주기도 합니다.

주민들이 지역산 목공가구를 구매할 때에는 지역의 신용조합과 농협에서 대출도 해줍니다.[12] 매해 4월 14일은 '의자의 날'입니다. 한마디로 목공으로 할 수 있는 것을 다 하겠다는 진심과 의지가 느껴집니다.

〈 지역 목공방이 운영하는 게스트하우스 'andon' 〉

* 출처: https://tomos.site/andon

---

12) https://tinyurl.com/236txuvw

다른 마을의 아이도 생각하는 마음

더 감동적인 일은 2011년 동일본 대지진 때 나타났습니다. 너의 의자 프로젝트팀은 재해가 발생한 3월 11일 그날에도 아이가 태어났을 것 같다는 생각을 하게 됩니다.

그래서 재해가 발생한 128개 지자체에 "3월 11일에 그 마을에서 몇명이 태어났나요?"라고 일일이 연락하여 물어보았습니다. 그 결과 104명이 태어났다는 것을 알게 되었고, 아이 이름 등을 확인하여 총 99개의 '희망의 너의 의자'를 선물했습니다(사실 당시에 재해일의 출생아 현황은 정부도 파악하지 못한 통계였습니다).

당시 의자를 선물받은 아이는 지금 15세인데 "먼 홋카이도에서 내가 태어난 것을 축하해주고 의자를 보내줘서 너무 고마웠다"라는 이야기를 했습니다.

〈 동일본 대지진 발생일에 태어난 아이를 위한 '희망의 너의 의자'와 아이에게 전한 편지 〉

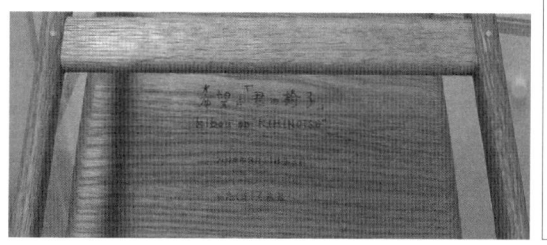

* 출처: https://www.muji.net/lab/living/130306.html, https://tinyurl.com/2bl5fvqm

이런 스토리는 2025년 NHK의 '너의 의자' 프로젝트 소개 특집 방송에도 보도되었습니다.[13]

의자를 기부 답례품으로

일본에는 (너의 의자는 아니지만) '의자'를 고향납세[14] 기부의 답례품으로 제공하는 지자체도 많습니다. 우리나라 고향사랑기부제도 내가 사는 주거지 외의 지역에 기부하면 기부금액의 최대 30%를 답례품을 보내며 고마움을 표현합니다. 이런 답례품은 고마움의 의미도 있지만 그 마음이 이어져 다음의 기부를 촉진하는 효과도 있습니다.

대표적인 고향납세기부 플랫폼 후루사토 초이스에서 의자를 답례품으로 제공하는 지자체의 의자 종류를 검색해보니 21,052건이 나옵니다 (2025.12.31. 기준). 종류도 감독 의자, 캠핑 의자, 독서 의자, 폴딩 의자, 해먹 의자 등 다양합니다. 후루사토 초이스 외에도 많은 기부 플랫폼이 있으니 의자 답례품만 최소 10만 건 이상 규모입니다.

보통, 일반인들이 책상에는 앉기 힘들지만 의자에는 반드시 앉는다는 걸 고려하면 '의자'는 매우 활용도가 높고 마음이 편안해지는 관계 아이템이라 할 만합니다. 타지의 누군가 내가 사는 지역에 기부하면 고마움의 마음을 담아 '당신의 자리를 보내드려요. 이 의자에서 편히 쉬면서

---

13) https://www3.nhk.or.jp/sapporo-news/20250507/7000075214.html

14) 2008년부터 실시된 일본의 고향납세 제도는 2023년부터 시행하는 우리나라의 고향사랑기부금처럼 지역기부제도입니다. 제도 내용에서는 다소 차이가 있지만 기부를 받고 그 고마움을 기부액의 일정 금액에 해당하는 유무형의 답례품으로 제공합니다. 보통 유형의 답례품은 지역 특산품일 경우가 많고, 무형의 답례품은 해당 지역에서 의미있는 프로젝트를 추진하여 지역을 더 낫게 만드는 정부크라우드펀딩(GCF, Government CrowdFunding)으로 이루어집니다.

우리 지역도 좀 생각해주세요'라고 말하는 것만 같습니다.

〈 지자체들의 다양한 의자 답례품 〉

ハンドメイド 木製 丸スツール
(小) 25cm 1脚 ナチュラルカ
ラー 子供用 椅子 スツール …

36,000 円

愛知県南知多町

エアウィーヴ キャリークッショ
ンmini〈TBS「ひるおび」で紹
介の人気商品!〉| airweav…

29,000 円

8,700 ptで交換可

愛知県幸田町

【高知県産ひのき】丸いす(座
面直径29cm×高さ46.5cm×
座面板厚3cm）/ 椅子 いす …

26,000 円

7

高知県高知市

B.H.ダイニングチェア〈ショート
アーム）【オーク材＋ウォルナッ
ト材】JBH-DCX201A PNO…

152,000 円

45,600 ptで交換可

岐阜県関市

【高知県産ひのき】丸いす 52.
5cm / 椅子 いす イス 丸椅子
丸イス 腰掛け ウッドチェア …

28,000 円

13

高知県高知市

【選べるカラー】Sノーマル座椅
子 椅子 座椅子 ウレタン リク
ライニング 岡山県 倉敷市

11,000 円

岡山県倉敷市

椅子 ダイニングチェア アーム
チェア 1脚 2脚セット 4脚セッ
ト 肘付き チェア 単品 完成…

874,000 円

島根県出雲市

AKRacing by BEAMS DESI
GNモデル_椅子 イス チェア
オフィスチェア ゲーミングチ…

187,000 円

1

大阪府和泉市

* 출처: https://tinyurl.com/ysmsb9rj

독특한 '너의 의자' 세계관이 만든 다각적인 생태계

의자를 연결한다는 것은 물리적으로 의자 한 개 한 개를 연결하여 더 많은 의자를 만든다는 의미가 아닙니다. 의자로 '마음을 연결'하고 '노력을 연결'하며 새로운 세계를 만든다는 의미입니다.

의자의 의미는 '자리'입니다. 내 자리일 수도 있고, 남의 자리, 우리의 자리일 수도 있습니다. 조금 더 의미를 확장하면 '자리를 생각하는 마음'이기도 합니다.

아이의 탄생, 태어난 아이를 생각하며 의자를 만드는 지역의 목공 장인, 주민들이 언제나 편하게 의자를 관람할 수 있는 개방적인 전시공간, 의자의 의미를 사랑하는 커뮤니티, 우리 지역뿐만 아니라 다른 지역 아이의 탄생도 생각하는 마음... 그러한 모든 마음의 연결이 우리 사회를 좀 더 촘촘하고 행복하게 만들 수 있습니다.

자존감과 존재감은 거창한 방식으로만 만드는 것이 아니라 서로 생각하는 마음의 연결 속에 만들어진다는 것을 의자라는 소재를 통해 알아보았습니다.

〈시사점〉

□ 어떤 지역에서는 태어난 아이를 위해 그 아이만을 위한 의자를 지역의 목재로 특별히 공들여 만들어 선물한다.

□ 지역 목공장인의 의자를 공모로 선정하여 매해 다른 디자인의 아름다운 의자를 생산한다.

□ 선정된 목공장인은 자신의 디자인이 선정되어 특별한 의미로 쓰여진 것에 자긍심을 느낀다.

□ 마을 주민들은 자연스럽게 그해의 출생아 통계를 알게 된다. 행정자료의 숫자가 아니라 생활 속에서 마을 정보를 쉽게 습득한다.

□ 사회적 위기가 발생했을 때, 지진피해지역 출생아들을 위한 '너의 의자'를 보내며 지역간 연결 및 사회부조활동을 전개했다.

□ 프로젝트 취지에 공감하는 다른 지자체들로 사업이 확산되었다.

□ 아름다운 의자를 선물받은 아이는 자라서도 의자를 소중히 여기고 애향심을 갖게 된다.

□ 타지에서 의자 관련 추억이 있는 사람끼리 커뮤니티도 만들고 의자 관련 전문 갤러리도 만든다.

□ 의자를 매개로 연구논문, 책도 출판하며 독특한 의자문화를 형성한다.

□ 주민들은 개방적인 공간에서 상설 의자 전시를 관람한다.

□ 의자의 디자인이 너무 예뻐서 고향납세 답례품으로도 사용된다.

□ 목공상품의 생산과 판매가 늘어 지역경제는 더욱 발전한다.

제2장

배움의 연결로 지역을 만나다, 사토노바대학[15]

우리나라만큼 교육열 높은 나라도 없지만 원래 배움의 범위는 끝이 없는 평생의 과정입니다. 그러다보니 정규 학교 외에도 대안학교, 홈스쿨링, 각종 아카데미 등 많은 학교와 다양한 교육방식이 존재합니다.

지역 역시 예외는 아닙니다. 많은 지자체들이 체험학교, 귀농귀촌학교, 한달살이 프로젝트 등을 운영하며 지역살이를 알리고자 합니다.

'배움 3.0'이라는 독특한 교육이념을 중심으로 운영하는 '사토노바대학(さとのば大学)'은 '지역 현장은 살아 있는 교과서'라고 말합니다. 지역을 캠퍼스로 하며 4년간 1개 지역씩 총 4개 지역살이를 하며 스스로

---

15) 이 글은 「더가게」에 게재한 "배움을 연결하면 지역이 달라진다. 사토노바대학"(2025.08.19., https://blog.naver.com/small2great/223975956463)을 수정한 글입니다. 또한 사토노바대학의 교육이념 및 설립과정에 대한 자세한 소개는 信岡良亮(노부오카 료스케). 2024.『学び３.０：地域で未来共創人材を育てる「さとのば大学」の挑戦』. フォレスト出版; 兼松佳宏(가네마쓰 요시히로). 2025. 『beの肩書き：本来の自分とほしい未来をつなげる「人生の肩書き」のみつけかた、そだてかた』. 英治出版.; 信岡良亮. 2025.08.20.「さとのば大学」. 참조.

배우는 학교입니다. 사는 곳 어디든 지역이라고 본다면 현장 자체가 교과서인 게 당연하겠지요. 왜 그런 생각을 못했을까 싶을 정도로 너무 자연스러운 표현입니다.

그 외에도 사토노바대학을 표현하는 말들로는 '지역을 여행하는 대학', '나에 뿌리를 두고 우리가 지역에서 원하는 미래를 만드는 대학', '미래공동창조인재를 만드는 시민대학' 등이 있습니다. 그럼 사토노바대학은 어떻게 운영되는지 좀 더 자세히 알아볼까요?

온오프라인 시민대학

사토노바대학의 의미는 '고향'을 의미하는 일본어 사토(さと)와 '새로움'을 의미하는 노바(Nova)의 합성어입니다. 모두 함께 만드는 모두의 대학을 실현하기 위해 2015년 노부오카 료스케(信岡良亮)가 만든 비영리형 주식회사 아스노토[16]는 2019년에 온오프라인 시민대학 사토노바대학을 열었습니다.

료스케 대표는 섬 유학이나 (이 책의 제8장에 소개할) '나이모노와나이랩' 등 참신한 지역프로젝트를 많이 수행했습니다.

그 연장선상에서 프로젝트가 아닌 본격적인 지역 중심 대학으로 설립한 것이 사토노바대학입니다. 지역에서의 경험과 동일본대지진을 경험하면서 좋은 학습에 대한 자각을 했다고 합니다. 그래서 크라우드펀딩으로 310명으로부터 10,403,000엔(약 1억 원)을 모아 2016년부터 사회인

---

16) https://asunooto.co.jp

〈 사토노바대학 〉

대학원이 되는 것을 목표로 사토노바대학을 시작했습니다.

대학 운영을 담당하는 아스노토뿐만 아니라 기부를 통해 장학금 제도를 운영하는 비영리법인 사토노바도 사토노바대학의 한 축을 형성합니다.[17]

2018년 정식 개교한 이 학교는 처음에는 사회인 대상의 칼리지(college)를 운영하다가 4년제 대학이 되었습니다. 그러나 별도의 캠퍼스 없이 지역 전체가 캠퍼스라는 관점으로 접근합니다. 4년간 4개 지역에 1년씩 살면서 자기가 설정한 주제에 대해 현지인과 함께 '프로젝트 학습'을 하거나 전문가와 학생이 온라인 학습을 하는 새로운 스타일의 시민대학입니다.

---

17) 사토노바대학은 시민대학 특성상 일본 학생지원기구(JASSO)의 장학금 적용대상이 아니기 때문에 2023년 독자적인 장학운영기구를 설립했습니다(https://tinyurl.com/2dlgcjrn). 또한, 비영리법인 산텐제로(3.0)에서도 기부금을 받아 지역 유학생과의 만남이나 각종 프로그램을 운영합니다(https://manabi-santenzero.org/).

더블스쿨 시스템

사토노바대학은 2021년부터 온라인대학(통신대학) '마나가라(managara)'[18]와 더블스쿨(double school)로 학사 취득 코스도 운영합니다. 나의 미래와 사회의 미래에 관심 있고 탐구하고자 하는 사람을 학생으로 선발합니다.

선발과정은 자기 추천의 온라인 방식으로 진행하는데 사토노바의 인재형에 맞는가를 판단하기 위한 인터뷰이기 때문에 선발과 탈락을 전제로 하는 것이 아닌 상담 과정에 가깝습니다.

그런 과정을 통해 1기는 각 지역에 3명씩 4개 지역으로 총 12명을 받았고, 2021년부터 4년제로 개편하여 2024년에 첫 졸업생을 배출했습니다. 장기적으로는 전학년 250명, 즉 10개 지역에 25명이 가는 것을 목표로 운영중입니다.

학생 수가 적은 이유는 1개 지역에 갑자기 10명 이상이 가면 지역에도 부담이므로 최대 10명으로 제한했기 때문입니다. 슬로건은 '지역을 여행하는 대학'이지만 여기에서의 여행은 '유람'을 의미하는 것이 아닙니다. 그리고 여기에서의 지역은 (대도시가 아니라) 대부분 사람을 구체적으로 만날 수 있는 규모의 이점이 있고 현장에서 실천을 해도 효능감을 더 직접적으로 느낄 수 있는 (리얼리티가 있는) '작은 마을'입니다.

---

18) 마나가라는 니가타산업대학의 통신교육과정을 운영하는 대학입니다(https://managara.nsu. ac.jp/). 2025년부터 사토노바대학의 지역프로젝트 활동이 마나가라대학의 정규학점(연간 4학점, 4년 최대 16학점)으로 공식인정됩니다(https://satonova.org/archives/news/250703).

〈 더블스쿨의 주간 학습 일정 예시 〉

	월	화	수	목	금	토	일
AM	마이 프로젝트	사토노바 강의	사토노바 강의	사토노바 강의	홈룸	지역 활동	자유 시간
PM	통신제 대학 강의	마이 프로젝트	마이 프로젝트	마이 프로젝트	지역 돕기	지역 돕기	
밤	아르바이트	통신제 대학 강의	아르바이트	통신제 대학 강의	아르바이트	자유 시간	

* 출처: 信岡良亮(2025.08.20, p.50)

사토노바 웨이, 배움 3.0의 인재상

사토노바 웨이(SATONOVA WAY)라고 표현하는 사토노바대학의 교육이념은 '지역을 여행하는 대학'입니다. 설립자 노부오카 료스케는 요즘 세대의 특징을 이렇게 정의합니다.

"요즘 세대는 살아있다는 실감, (사회에서 소모되는 것이 아니라) 사회에 내가 필요하다는 느낌을 받고 싶어한다."[19]

이런 세대이기에 기존의 주입식 교육만으로는 그 필요에 부응하기 어렵습니다. 그래서 제시한 교육이념이 '배움 3.0'입니다.

---

19) 노부오카 료스케(2024: 13)

〈 사토노바대학의 배움 3.0 교육 이념 소개서 〉

* 출처: https://tinyurl.com/23dzqlwz

배움 1.0은 정답을 배우고 지식을 늘리는 주입식 배움(정답 학습, 입력 중심), 배움 2.0은 (더 나아가) 자신의 흥미를 바탕으로 주체적으로 디자인하는 배움(자기맞춤 설계 학습, 주도성 중심), 배움 3.0은 개인의 흥미나 관심에 타인과의 관계성이 더해져 함께 배우며 사회를 만드는 공동창조형 배움(관계로 아웃풋 생산, 공동 창작)입니다.

'캠퍼스 없음'(1년마다 거주. 4년간 4개 지역 체험), '테스트 없음'(성적보다 인간력 중심), '정답 없음'(정답은 가르칠 수 있는 것이 아니라 스스로 생각하는 것을 의미), '서 있는 장소가 달라지면 생각도 달라진다' 등을 특징으로 강조합니다.

사토노바대학이 원하는 인재상은 -배움 3.0을 강조하는 만큼- '우리'를 강조합니다. '나'에 뿌리를 두고 '우리'로서 지역에서 '희망하는 미래'를 만들고자 하는 지역공생 추구형 인재를 모집합니다.

구체적으로는 나/우리 × 내향/외향 축을 중심으로 4개의 인재상을 제시합니다. 자기를 이해한 후에 우리로 나아가는 과정, 내면의 깊이를 다진 후에 행동하는 것이 순서라고 생각하기 때문입니다.

첫째, 자기이해형은 나×내향형으로서 스스로를 탐구하며 자기 언어를 표현할 수 있는 인재입니다. 관계 속에서 살아가고 있음을 이해하고, 인연을 무기로 삼는 능력을 기릅니다. 자신의 약점과 장점을 알고 표현방식을 확장하는 능력, 스스로를 배려하고 충분히 휴식할 수 있는 능력을 기릅니다.

둘째, 관계편집형은 우리×내향형으로서 자원 탐구 인재입니다. 외부의 자원을 찾기보다는 이미 내가 갖고 있는 자원에 주목하여 프로젝트에 활용합니다. 관계된 사람들의 가능성을 끌어내고 서로 기여하는 관계를 키우는 능력을 갖추기 위해 노력합니다. 또한 동료들의 변화를 지켜보며, 커뮤니티의 성장을 축복하는 경험을 연습합니다.

셋째, 미래구상형은 나×외향형으로서 자신의 본분을 바탕으로 바람직한 미래를 계획하는 인재입니다. 자신의 한계에 답답해하고 포기하는 것이 아니라 올곧이 그런 자신의 상태를 깨닫고자 노력합니다. 따라서 모호함 속에 숨겨진 바램과 요구를 파고드는 능력, 자신의 생각을 이야기하고 자신의 일을 공감해주는 동료를 모으는 능력을 갖추기 위래 노력합니다.

넷째, 공생실천형은 우리×외향형으로서 스스로 움직이며 실천하는 인재입니다. 능동적으로 해결책을 탐구하고 프로젝트를 실천합니다. 예상하지 못한 일이 발생해도 당당히 맞서고 끈기있게 프로젝트를 진행하고자 노력합니다.

사토노바대학은 이 4개의 인재가 각각 따로따로 별개의 유형이 아니라 서로 균형을 이루는 것이 중요하며, 그렇기 때문에 학습과정에서 균형을 유지하는 법을 배우는 것이라고 강조합니다. 그리고 이 틀을 바탕으로 학생의 성장을 (평가가 아니라) 측정합니다.

〈 사토노바대학의 4개 가치와 인재상 〉

나/외향
미래구상 >
나 자신으로서 갖고 싶은 미래를 그리다

우리/외향
가치 편집 >
자원을 찾다

미래 공동 창업
인재

우리/외향
공동창조실천>
스스로 움직이며 함께 만드는

나/내향
자기이해 >
나의 생활 방식을 이해하다

* 출처: https://satonova.org/curriculum을 번역.

지역과 연결하는 3개의 배움 코스

사토노바대학에는 일반학과는 없고 3개의 배움 코스가 있습니다.

첫째, '여행하는 대학 코스'는 통신제 대학과 공동운영하는데, 학사 학위 취득도 가능한 4년짜리 과정입니다. 4년간 4개 지역에서 교육하며 주 1회 멘토링, 화~목요일 오전에는 사토노바대학의 온라인 강의, 오후에는 통신대학 마나가라의 강의를 수강하고, 그 외 시간은 자기 프로젝트를 진행합니다.

정원은 40명이고, 학비는 입학금 20만 엔, 연간 학비 80만 엔입니다. 다만 학생들은 온라인 교육을 하는 마나가라 대학에 연간수업료 30만 엔과 입학금 5만 엔을 별도로 내야 하고 사토노바대학에 코스마다 다른 수업료를 내는 방식입니다. 또한 사토노바대학의 지역별 코스에서도 주거비와 생활비는 학생들이 부담해야 합니다.

지역에 머물 때에는 공유주택에서 생활하는 편인데 월세는 5만~6만 5천 엔(50만~60만 원) 정도이며 보통 두 명이 함께 거주합니다.

1년차에는 지역으로 이주하여 사회 만들기의 기초를 학습하고, 강의를 통해 자신이 하고 싶은 일을 언어로 표현하는 것을 배웁니다(Initiation). 또한 배운 것을 지역에서 살려 작은 실천도 수행해봅니다. 주로 차 없이도 이동할 수 있는 범위에서 우선 지역에 익숙해지는 것부터 시작합니다.

2년차에는 숲, 교육, 관광 등 자신이 관심 있는 특정 주제에 맞는 지역을 선택하고 이주하여, 각자의 주제에 대한 심층 연구를 합니다(Trial & Error). 지역에서 구체적인 서비스를 해보거나 다른 사람의 프로젝트에도 참여하면서 프로젝트 진행방식을 배웁니다. 주로 상품의 시제품을 만들

〈 자기 탐구부터 사회진출로 이어지는 4년 교육 과정 '여행하는 대학' 코스 〉

1학년: 자기탐색   2학년: 지역 프로젝트 심화

3학년: 사회문제 해결   4학년: 사회진출

1학년 자기탐색부터 4학년 사회진출까지, 매년 다른
지역에서 점진적으로 프로젝트를 심화시킵니다.

* 출처: NotebookLM

어보는 듯한 시험 테스트 단계에 해당합니다.

3년차에는 미래의 전망을 고려하여 지역을 선택합니다. 또한 자신의 프로젝트를 고도화하고 수익을 창출할 수 있는 방안까지 배웁니다 (Deepening). 본격적으로 지역 창업가나 지역 코디네이터가 될 미래를 상정하고, 크라우드펀딩을 통해 자금을 모으거나 함께 프로젝트를 진행할 동료와 팀 단위로 활동합니다. 예를 들어 지역 백서 만들기, 상품 기획하기, 프로젝트 매니저 하기 등의 활동을 진행합니다.

4년차에는 자기가 활동하고 싶은 지역에 이주합니다. 지역 제한은 없으며 고향으로 돌아갈 수도 있습니다. 이 시기에는 3년간 배운 것을 바탕으로 졸업 프로젝트를 진행하고 내가 사회와 연결될 수 있는 방법을 모색하며 구체적인 진로계획을 세웁니다(Integration).

둘째, '갭이어 코스(gap year course)'는 5명 정원으로, 진로를 모색 중이거나 휴학생, 이직 전 사회인 등을 대상으로 진행하는 1년 짜리 과정입니다.

매해 4월부터 다음 해 1월까지 10개월간 선택 지역에서 주 3일 수업을 진행하고 나머지 시간에는 자기 프로젝트, 지역 활동, 아르바이트 등을 하는데 입학금 20만 엔, 학비 90만 엔이며 교통비와 체류비는 자부담입니다.

〈 사토노바대학 갭이어 코스(10개월) 〉

3월	4월	5월	6월	7월	8월	9월	10월	11월	12월	1월
체류지역으로 이동	입학식 1학기 시작	강의		중간 발표회 1학기 종료	여름휴가		2학기 시작	강의		최종발표회 수료식

* 출처: https://satonova.org/gap-year을 번역

셋째, 2016년부터 운영하는 '마이필드 코스(my field course)'는 4개월 간 지역부흥협력대[20]나 지역 코디네이터 역할을 하는 일반인을 대상으

---

20) 지역부흥협력대사업 2009년 일본 총무성이 시작한 지역지원사업으로서 지역에 가서 일하고 싶은 사람들에게 월 200~300만 원씩 2~3년간 지원합니다. 2025년까지 1,176개 지역에서 7,910명의 지역부흥협력대원이 활동했습니다.

로 진행합니다.

20명 규모로 주 3회 오전에는 온라인 강의 및 특강을 듣고 총 4회 멘토링도 받습니다. 학비는 25만 엔인데 전기와 후기를 합하여 8개월간 참여하면 45만 엔입니다.

이런 과정들을 경험한 학생들의 성취도는 10단계로 평가합니다. 대학은 '마이 프로젝트 레벨'이라는 10단계 성장 로드맵을 통해 학생들이 아이디어를 내는 레벨 1 '무언가 하고 싶다고 생각한 경험'부터 사회적 임팩트를 창출하는 레벨 10 '임팩트를 만들어낸 경험'까지 나아가도록 지원합니다. 이 과정에서 학생들은 필연적으로 '행동의 벽', '운영의 벽', '수익화의 벽' 등 현실적 장벽에 부딪히게 되며, 이를 극복하는 경험 자체가 핵심 커리큘럼이 됩니다.[21]

〈 단계별 학생 성취도 〉

* 출처: https://tinyurl.com/2dlgcjrn

---

21) https://tinyurl.com/2dlgcjrn

지역이 모두 캠퍼스, 학생 1명당 평균 43명의 지역 어른과 관계를 형성한다

사토노바대학은 지역 현장 자체가 배움을 제공하는 살아 있는 캠퍼스라고 설명합니다. 배움과 지역 현장을 연결하려는 것이지요. 그 이유는 교실에서는 정보를 많이 습득할 수 있지만 지역 현장은 살아갈 수 있는 삶의 근육을 키우는 곳이기 때문입니다.

이런 원칙으로 한달살이나 워케이션 프로그램보다 훨씬 긴 기간 동안 배움 코스를 운영하고, 성적보다는 인간력을 중심으로 하고 시험이 없으며 무엇보다 자기 자신의 지역 프로젝트를 긴 기간 도모할 수 있는 것이 특징입니다.

물론 각 지역에서 학생 혼자 이 모든 과정을 견디며 고립되어 지내지는 않습니다. 개별 상담도 하고, 각 지역의 코디네이터도 있고, 학습 어시스턴트도 학생의 지역활동을 지원합니다.

지역 협업 프로젝트를 만들고 실천하고 배우며, 학교 캠퍼스가 아니라 좋아하는 지역에서 배움으로써 지역주민, 대학, 학생 모두에게 배우는 자극을 부여하고자 합니다. 관광이나 학문적 연구로 지역에 가기보다는 1년이라도 주민으로 지내면서 프로젝트 배움을 진행한다는 것이 다른 교육이나 지역 체류 프로그램과의 차이점이지요.

그 결과 사토노바대학을 통해 학생이 1년간 지역에서 깊은 관계를 형성하는 어른은 평균 60명 이상으로 나타났다고 하네요. 대학이 학생에게 매칭시켜준 사람의 수가 아니라 학생 스스로 지역에 살면서 만든 관계의 수라고 합니다. 또한, 프로젝트를 하거나 창업할 때 구체적으로 자

문해주는 어른은 1년에 평균 5.9명이었다고 합니다.[22]

〈 사토노바대학의 14개 유학 지역 〉

* 출처: https://satonova.org/campus

지역에서 배우고 지구적으로 사고하는 ('Learn locally, think globally')[23]

사토노바대학은 대학교육뿐만 아니라 중고등학생을 위한 지역 실천 교육도 강조합니다. 전국 33개 고등학교에서 100명과 커뮤니티를 만들었는데, 지역살이 설명회, 특별 강좌를 진행하고 중고생을 위한 지역실

---

22) 사토노바대학의 활동정보는https://note.com/satonova, 학생들의 구체적인 학교체험 내용은 https://www.asahi.com/rensai/list.html?id=2148 참조.

23) "'Learn locally, think globally' at two unique universities."(JapanTimes 2022.09.16.)

천 배움 플랫폼24)도 운영합니다. 고등학생 대상의 봄·여름 스쿨도 운영하고,25) 점차적으로 각급 학교들과의 연계도 확장하는 중입니다.

　환경변화를 학습하고, 동료들과 서로 배우며, 자기의 프로젝트를 스스로 주체적으로 하면서 원하는 미래를 만드는 인재를 지향합니다. 즉 환경, 동료, 실천 이 세 가지 요소가 미래의 가능성을 만드는 핵심요소라는 것이지요.

　시민의 기부에 의해 학교 운영 규모를 키우고, 지역을 배움과 연결하고, 1년 동안 지역에서 깊숙이 생활하고, 현장에서 자기 스스로의 프로젝트를 찾고, 배움을 매개로 지역주민과 관계 맺는 사토노바대학 사례는 넘쳐나는 한달살이와 워케이션 프로그램에서 눈여겨보아야 할 하나의 방향을 제시해줍니다.

　배움은 일방적인 정보 습득에 머무는 것이 아니라 현장에서 끊임없이 자기 성장과 실천을 통해 사회로 이어질 때 비로소 의미를 갖게 된다는 것, 이것이 사토노바대학의 본질적인 의미입니다.

---

24) https://qulii.jp

25) https://satonova-journey.org/

〈시사점〉

□ 지역 현장은 살아 있는 교과서다. 지역 현장에서 삶의 근육을 키운다.

□ 학교는 지역과 연결되는 플랫폼이다.

□ 배움을 매개로 지역과 관계를 형성한다.

□ 일방적인 지식 전달이 아니라 스스로 살아가는 힘을 기르도록 지원한다.

□ 최소 1년간 다른 지역에서 살아본다.

□ 자기 프로젝트를 진행하며 성장한다.

□ 4년간의 배움으로 나와 우리를 생각하는 배움 3.0 이념을 습득한다.

□ 서 있는 장소가 달라지면 생각도 달라진다.

□ 학생 1명당 (타지에서) 평균 60명의 지역 주민과 관계를 형성한다.

□ 주민들은 외지의 낯선 학생과 관계 맺는 법을 익힌다.

□ 학생의 단선적인 성장 경로를 독려하기보다는 '실패를 포용'하는 관점으로 접근한다.

□ 학생의 성과를 성급하게 재촉하지 않고 최대한 밀착 지원한다.

□ 고등학생들도 지역에 대한 관심이 필요하다.

□ 시민들의 기부로 학교를 운영한다.

제3장

관심을 등록으로 연결하다, 후루사토 주민등록제

유사하거나 다르거나

우리나라는 1949년에, 일본은 1947년에 「지방자치법」을 제정했습니다. 그러나 우리나라의 지방자치는 1961년부터 1991년까지 30년간 중단되고 1991년에 부활하여 지금까지 이어지고 있다는 것이 일본과 다른 점입니다. 즉, 중단없이 이어진 일본과 중단되었던 우리나라 사이에는 30년 공백이 존재합니다.

일본이 30년간 중단되지 않았다는 것은 무엇을 하든 계속 지방정책을 실시했다는 의미입니다. 단순 시간계산을 해도 30년 만큼의 지방정책이 우리보다 더 많을 것 같다고 추론할 수 있습니다.

그러나 일본이 우리나라보다 30년 더 지방자치 경험이 많으니 더 낫다고 판단하기는 어렵습니다. 일본이나 우리나라나 지방문제에 대해 고민하는 것은 뭔가 매우 비슷하기 때문입니다.

특히 행정의 경직성, 교부금 의존성, 단기적 양적 성과 편향성, 행정 용어의 현실 괴리감, 지방간 과도한 경쟁 속에서 주민의 생활이 나아지지 않는 점에 대한 불만 내용은 너무 똑같습니다.[26] 거기에 더하여 법과 정책 그리고 사업명, 행정구조, 행정문서, 행정용어까지 비슷하다는 느낌을 자주 받곤 합니다.

안되는 모습의 유사함도 있지만 되는 모습의 상이함도 존재합니다. 한일 양국의 지방은 어떻게든 주민자치를 확대하려 하는데 지방마다 나타나는 다양성이 그것입니다. 다양성은 그 자체로 자연스러운 것이기 때문에 이해하고 받아들일 수 있지만 앞서 제시한 '안되는 유사성'은 뭔가 구조적인 문제 때문에 발생하는 것이므로 지속적으로 문제제기하고 개선해야 합니다.

제도의 경로의존성

결국 우리나라와 일본 사이에는 되는 것과 안되는 것이 맞물려 있는 묘한 연결지점이 있는 것 같습니다.

특히 시기적으로 한일의 지방제도가 묘하고 급격하게 유사성을 보이기 시작한 때는 2015년 이후부터입니다. 2015년 일본 정부는 '지방창생(地方創生, ちほうそうせい)'이라는 지방지원정책을 시작했습니다. 그후로 우리나라에 일본과 유사한 제도가 이입되는 경향이 나타났습니다.

---

26) 지방 현실에 대한 가장 생생한 비판은 木下斉. 2021.『まちづくり幻想: 地域再生はなぜこれほど失敗するのか』. SBクリエイティブ.(윤정구·조희정 역. 2022.『마을 만들기 환상: 지역재생은 왜 이렇게까지 실패하는가』. 더가능연구소.) 참조.

일본이 2000년대 후반부터 추진한 지역부흥협력대(인적 지원), 고향납세(재정 지원), 관계인구(유동인구 지원) 등의 정책이 각각 도시청년시골파견제, 고향사랑기부금, 생활인구 등의 명칭으로 2020년대 초반부터 우리나라에서 실시되기 시작한 것입니다. '00육성 10만 개, 00육성 10만 명' 등 계량적 목표를 제시하는 것도 비슷합니다.

최근 30여 년간 한일 지방지원정책은 20년 여의 격차로 유사한 정책이 나타나는 제도의 경로 의존성(path dependency)을 형성하고 있는 것입니다.

물론 우리나라와 일본뿐만 아니라 유럽, 미국, 아시아 등의 권역에서 나타나는 지방지원정책은 어차피 사람을 지방에 보내거나 지방에 재정적 지원을 하거나 인프라를 더 만드는 형태로 나타날 수밖에 없다고 평가할 수도 있습니다.

그러나 행정 현장에서 여전히 일본 사례에 대한 참고 경향이 높게 나타남을 느끼곤 합니다. 어쩌면 유사한 사업을 추진하면서 유사한 과오를 반복하는 것은 아닐까 하는 생각으로 일본 정책 사례를 분석하고 있습니다.

아울러 정책의 유사성과 또다른 축으로 우리나라와 일본의 지방에서는 (정부 사업과는 다소 다른 방향으로) 독자적인 움직임이 형성되는 것 같다는 느낌도 듭니다.

〈 한국과 일본의 지방정책 〉

	1 기본정책	2 자금 지원	3 인적 지원	4 새로운 경제주체 육성
일본	「지방창생법」(2015년) 지방창생정책(2015년) 제2기 지방창생정책(2020~24년) 디지털전원도시국가 구상(2021년) 10년 지방창생정책 추진성과를 실패라고 평가(2024년)	고향납세(2008년) 지역활성화기금(2015년) 기업판 고향납세(2016년)	산촌유학(1968년) 지역부흥협력대(2009년, 2004년 주에서 지진 후 2007년 지역부흥지원인 +1994년 녹색고향협력대가 원형) 후루사토주민표(2011년) 고향워킹홀리데이(2017년) 지방창생 인턴십(2017년) 관계인구(2018년) 지역력 창조 어드바이저(인재 풀)	로컬벤처(2010년) 로컬스타트업 1만 육성 프로젝트(2012년) 시험위성사무실(2017년) 스타트업육성 5개년계획(2022년) 로컬지브라실증사업(2025년)
	이 외, 인구감소 시작(2008년)->전국 빈집 990만 채(2023년)-> 소멸 위험 지역 400곳, 10년내 소멸, 초고령화 사회(2006년)			
한국	제1차 지방시대 종합계획 (2023~2027년) 인구감소지역지원특별법(2023년) 인구감소지역대응기본계획(2023년)	고향사랑기부금(2023년) 지역소멸대응기금(2022년) 고향올래(2023년) 지역활력타운(2023년) 지역활성화투자펀드(2024년)	도시청년시골파견제(2018년) 넥스트로컬(2019년) 청년마을(2018년) 시골언니(2022년) 생활인구(2023년) 생활인구지원센터(2024년 경북도, 남원) 생활인구등록제(2025년)	로컬크리에이터(2014년) 라이콘(2023년) 소통협력공간(2018년)
	인구 5천만 명(2010년)->인구 데드크로스(2020년)->선진국 진입, 1인 세대 40%, 인구감소지역 89곳 선정(2021년)->초고령화 사회(2025년)->5천만 명 붕괴(2031년 혹은 2042년)			

* 출처: 조희정·이영재·김영완. 2025. 『관계인구를 만드는 N개의 방법:
사람·조직·자본·공간·목표의 연결을 위하여』. 더가능연구소. p.38.의 그림을 수정

이런 복합적인 느낌으로 정책과 지방의 움직임을 분석하던 중에 제
3장에서는 신기하게도 한일 양국이 동시에 추진하기 시작한 후루사토
주민등록제와 생활인구 등록제를 소개합니다. 일본의 후루사토 주민등
록제가 상대적으로 오래 추진되기는 했지만 공식적으로는 두 제도 모두
2025년 발표되었습니다.

관계인구를 잡아라, 후루사토 주민표

일본 정부의 후루사토 주민표(ふるさと 住民票, 고향 주민표)는 거주지
외 관계인구가 부담없이 지역과 관계맺을 수 있도록 지원하는 제도이자

그 증명서입니다. 즉, 지역과 연결되는 사람, 지역과 관계 맺는 사람인 관계인구에게 증명서를 발급하는 것입니다.

출산률 감소와 고령화 심화로[27] 지방의 인구가 줄어드는 것은 '자연적' 인구 감소 현상입니다. 한편, 자연적 인구는 줄지만 어떤 이유로든 지방을 오가는 사람들이 많으므로 이렇듯 사회적 이유로 오가는 사회적 인구를 잡아서 지방과 관계 맺는 계기를 마련하면 좋겠다는 생각을 하게 됩니다. 그리고 그들을 '관계인구(關係人口, かんけいじんこう)'라고 불렀습니다. 지방의 잠정적인 우호인구, 응원인구라는 의미죠.

2016년 (이 책의 제6장에 소개한) 다베루 통신의 다카하시 히로유키 대표가 관계인구라는 말을 처음 쓴 후, 2018년 일본 총무성이 관계인구정책을 시작했고 그 과정에서 돗토리현 히노, 카가와현 미키, 도쿠시마의 시나고우치 사례가 선진 사례로 논의되면서 그 지역에서 실시하는 후루사토 주민표 사례가 소개되었습니다.

거슬러 올라가면 2011년 동일본대지진 후 전국적으로 피난민이 흩어지면서 후쿠시마현 이타테의 칸노 촌장이 '이중 주민표'가 필요하다고 총무대신에게 건의한 것이 후루사토 주민표의 기원입니다. 주민표가 없으면 피난간 곳의 행정 서비스를 이용할 수 없는 사례들이 있었기 때문입니다. 그렇게 이중주민표 제도는 이후에 「원자력발전피난민특례법」에 반영되었습니다.

---

27) 일본은 1989년에 합계출산율 '1.57 쇼크'를 경험했고, 우리나라는 2020년 사망자 수가 출생자 수를 초과한 인구 데드크로스(population deadcross)를 경험했습니다. 또한 65세 인구가 총인구의 20% 이상이 되는 상태를 초고령화 사회라고 부르는데, 일본은 2006년부터, 우리나라는 2025년부터 초고령화 사회가 되었습니다. 즉, 일본은 우리보다 20년 이상 먼저 (자연) 인구 위기에 직면했습니다.

이어서 2015년 전국 8개 지자체 단체장이 후루사토 주민표 도입을 공동으로 건의했고, 이를 2016년에 돗토리현 히노에서 최초로 도입했습니다. 비상상황뿐만 아니라 일상생활에서 다양한 방식으로 지역을 오가는 이들도 지역 서비스를 이용하고 지역을 알게 하자는 취지로 발전한 것입니다. 이후에 2017년부터 조금씩 확산되어 2018년 총무성의 정책 논의에서 본격적으로 도입을 추진하게 되었습니다.

왜 관계인구가 되고 싶나요? 관계인구의 종류

후루사토 주민표는 원하는 누구나 발급받을 수 있습니다. 지자체에 신청서를 제출하면 후루사토 주민카드를 발급하여 그 지방의 서비스를 제공받거나 지역축제에 참여하는 등의 경험을 할 수 있습니다.

〈 후루사토 주민표 등록신청서(도쿠시마현 사나고우치) 〉

신청서에는 성명, 생년월일, 성별, 주소, 전화번호, 이메일을 기입하고 신청 이유도 기입합니다. 신청이유는 1) 이 마을 출신이어서, 2) 이 마을에 고정자산세(세금)를 납부하고 있어서, 3) 고향납세를 기부하고 있어서, 4) 통학, 통근하거나 했던 적이 있어서 라는 이유가 제시되어 있습니다.[28]

이러한 이유는 곧 관계인구의 종류를 구체적으로 나타내는 것과 같습니다. 즉, 속지적인 의미에서 관계인구는 ① 업무(파견, 통근, 출장), ② 진학(통학), ③ 군복무, ④ 외국인 노동자, ⑤ (한달 이내) 단기체류, ⑥ (한달 이상) 장기 체류, ⑦ 두 지역 거주자(더블로컬) 등 지역내 외지인이고, 속인적인 의미에서 관계인구는 ⑧ 출향민, ⑨ 관광(1회 or 반복(리피터)/교류인구), ⑩ 온오프라인 지역상품 구매자, ⑪ 기부자, ⑫ 행사 참여자/자원봉사자 등 지역 밖에 거주하는 사람이라고 볼 수 있습니다.

〈 관계인구 종류 〉

구분	종류
속지 관계인구	① 업무(파견, 통근, 출장), ② 진학(통학), ③ 군복무, ④ 외국인 노동자, ⑤ (한달 이내) 단기체류, ⑥ (한달 이상) 상기 체류, ⑦ 두 지역 거주자(더블로컬)
속인 관계인구	⑧ 출향민, ⑨ 관광(1회 or 반복(리피터)/교류인구), ⑩ 온오프라인 지역상품 구매자, ⑪ 기부자, ⑫ 행사 참여자/자원봉사자

---

28) 구마모토현 니시키는 후루사토 주민표 발급대상에 지역고등학교 졸업생을 제시하고 있는 점이 특징입니다(https://www.town.kumamoto-nishiki.lg.jp/kiji003493/index.html). 돗토리현 히노에서는 지역 초등학교 졸업자를 대상으로 모집합니다(https://www.town.hino.tottori.jp/2585.htm).

후루사토 주민표의 혜택, 단순 할인에서 의결까지

후루사토 주민표는 발급료 무료, 주민표 카드 발급까지 2주간 소요, 유효기간 없는 평생 쓸 수 있는 카드입니다. 일본 정부는 법률에 근거하여 주민에게 발급하는 일반 주민표(주민증)와 달리 후루사토 주민표를 지자체가 자유롭게 운영할 수 있는 '부드러운 장치'라고 소개합니다.[29]

그렇기 때문에 지자체마다 후루사토 주민표 소지자에 대한 혜택은 매우 다양합니다.

〈 후루사토 주민표 도입 현황(2016~2025년) 〉

2025년 기준 15개 지역

지역	도입시기	발급규모	혜택
가쓰라기 (와카야마현)	2021년	783명	• 온오프라인 정보 제공 • 지역 체험 투어
가쓰우라 (도쿠시마현)	2017년	63명	• 온오프라인 정보 제공 • 기념품 증정
고토우라 (돗토리현)	2022년	18명	• 명함 100매 제공 • 지역 개발 등 마을 만들기 참여
나메가타 (이바라키현)	2019년	834명	• 온오프라인 정보 제공 • 지역 내 시설 이용료 할인 • 지역 체험 투어
니세코(홋카이도)	2018년	147명	• 온오프라인 정보 제공 • 지역 내 시설 이용료 할인 • 주민표 뒷면에 마을 만들기 조례 기재
니시키 (구마모토현)	2022년	145명	• 지역 이벤트 참여 • 명함 제공 • 지역 개발 등 마을 만들기 참여
단바(효고현)	2018년	1,634명	• 온오프라인 정보 제공 • 지역 내 시설 이용료 할인 • 마을 정책에 대한 의견 개진

---

29) 후루사토 주민표의 공식 웹사이트 https://relevantly.work

미토요(가가와현)	2017년	540명	• 온오프라인 정보 제공
미키(가가와현)	2017년	941명	• 온오프라인 정보 제공 • 지역 체험 투어 • 자치단체장과 간담회
사나가와치 (도쿠시마현)	2017년	280명	• 온오프라인 정보 제공 • 지역부흥협력대로 오면 장소 제공 • 마을 정책에 대한 의견 개진 • 기념품 증정
시부시 (가고시마현)	2019년	800명	• 정기적으로 주민 회의 참여 • 2020년 사업종료
오미하치만 (사가현)	2022년	83명	• 온오프라인 정보 제공 • 지역 내 시설 이용료 할인
이타테 (후쿠시마현)	2018년	1,030명	• 온오프라인 정보 제공 • 지역 체험 투어 • 1일 이장으로 회의 참여
히노(돗토리현)	2016년	688명	• 온오프라인 정보 제공 • 지역 내 시설 이용료 할인 • 마을 정책에 대한 의견 개진 • 기념품 증정
히라이즈미(이와 테현)	2022년	8명	• 온오프라인 정보 제공 • 지역 빈집 정보 제공 • 선배이주자와 간담회 참여권 • 지역 투어 예약권 • 마을 정책에 대한 의견 개진

* 출처: https://relevantly.work의 지역별 정보를 재구성·번역

앞선 표를 참고해 볼 때, 어찌 보면 많은 마을이 채택하는 것 같지 않고, 어찌 보면 마을마다 관계 맺는 방식의 다양성이 보입니다. 즉, 단순히 발급량을 늘리는 지자체가 있는 반면, 꾸준히 정보를 제공하고, 마을의 각종 공공 시설을 할인하는 혜택을 제공하거나 마을 투어를 제공하는 마을도 있습니다.

좀 더 관계 밀도를 높여 특산품에 대한 사전평가단 역할을 하거나 마

을 계획이나 정책에 의견을 제시하거나 일부 안건에 대해서는 의결권을 행사할 수도 있습니다. 관계의 스펙트럼은 마을에서 얼마나 제시하느냐 에 따라 다르게 나타납니다.

한편, 혜택뿐만 아니라 의무사항을 제시하기도 하는데 주로 온라인 에 지역 홍보물을 제시해줄 것을 요청합니다. 얕든 깊든 어느 정도의 관계를 형성하는가는 지자체와 관계인구의 몫이 되는 겁니다.

〈 후루사토 주민표 카드 디자인 〉

* 출처: https://relevantly.work

후루사토 주민등록제

2025년 6월, 일본 총무성은 2026년부터 후루사토 주민등록제도를 실시하겠다고 발표했습니다.[30] 이 제도의 핵심은 지역과 관계 맺는 사람을 활동 정도에 따라 기본형(basic)과 고급형(premium)으로 구분하여 등록자에게 다양한 혜택을 제공하는 것입니다. 기본형은 일반 방문자이고, 고급형은 1년에 3번 이상 방문하는 등록자를 대상으로 합니다.

앱으로 등록할 수 있고 한 사람이 여러 지역에 등록할 수 있습니다. 이런 방식으로 향후 10년 내에 연간 1천만 명, 총 1억 명의 후루사토 주민을 모집하겠다는 계획입니다. 특산물 구입, 기부 등의 활동이 반복 방문으로 이어지고, 부업이나 자원봉사도 하고, 더 발전하면 두 거점 거주로 이어져 등록자나 지방에 모두 도움되는 구조가 된다는 것을 전제로 한 정책입니다. 장기적으로는 주민세의 일부를 두 지역에 분할납부하거나 등록지역의 정책에 참여하는 것도 허용하겠다고 합니다.

이 제도가 발표된 후, 1,741개 지자체를 대상으로 조사한 바에 의하면(응답률 32.2%) 기대 및 긍정적 반응이 70% 이상으로 나왔지만, 형식적이고, 효과가 불투명하며, 관계인구의 정의가 너무 넓어 측정 및 평가가 어렵다, 대답을 보류한 반응도 25% 정도 제기되어 제도 설계가 미진하다는 비판도 제기되는 상황입니다.[31]

주요 비판사항은 5가지입니다. 첫째, 제도설계의 모호함과 행정 부

---

30) https://tinyurl.com/2bc6bn8s
31) 伊藤将人. 2025. 10. 09. "関係人口の「見える化」の先へ: ふるさと住民登録制度に関する全国自治体調査結果より."

담, 둘째, 혜택을 부여할 수 있는 재원 부족, 셋째, 지역경제 위기 심화 혹은 도시권 쏠림 심화, 넷째, 제도에 대한 합의 부족, 다섯째, 정부의 설명 노력 부족 등입니다. 특히 지자체가 주도하는 것이 아니라 중앙정부가 주도하는 것이기 때문에 행정 책임에 대한 요구가 높게 나타났습니다.

이러한 지자체의 반응을 조사한 이토 마사토(伊藤将人) 박사는 '존재 증명'에만 매몰될 것이 아니라 '효과 증명'을 고려하는 것이 중요하다고 평가합니다. 단순한 '존재 증명'이나 '가시화'에 머무르는 것이라면 효과가 한정적일 테니 최소한 인구이동과 지역체류에 대한 정보공유(오픈 데이터)라도 이루어져야 한다는 비판도 합니다.

우리나라의 생활인구 등록제

거의 유사한 제도가 우리나라에서도 동시에 추진되고 있습니다. 2023년, 정부는 「인구감소지역 지원 특별법」에 처음 제시된 생활인구 개념[32]을 2025년 8월, 생활인구 등록제를 통해 현실화하겠다고 발표했습니다.[33]

생활인구는 타지역에서 월 1회 하루 3시간 이상 머무는 체류인구, 주민, 등록외국인을 합한 개념[34]이지만 지역 내 주민이나 등록외국인은 거

---

32) 법적으로는 2023년에 처음 제시되었지만 부산시나 서울시는 2017년부터 생활인구 개념을 제시하고 빅데이터 분석으로 측정해왔습니다. 다만 이때의 생활인구 개념은 2023년에 제시된 개념과 달리 '그 시간에 일정 지역에서 생활하는 상주인구, 비상주인구, 외국인 인구'를 의미합니다. 이런 개념을 기준으로 권역에서 생활하는 인구를 위해 교통 등 행정서비스 개선에 유출입 인구, 교통 수요, 이동경로, 유동인구 분석 등 생활인구 데이터를 활용한 것입니다.

33) 행정안전부. 2025.08.25. 「제2의 거주지에서 지역 맞춤형 지원받으세요! '생활인구 등록제' 도입」.

34) ① 「주민등록법」에 따라 주민으로 등록한 사람, ② 통근·통학·관광 등의 목적으로 주민등록지

의 상수에 가깝기 때문에 체류인구를 중심으로 보는 경향이 있습니다.

2024년부터 분기별로 생활인구 현황을 데이터로 산출한 결과, 주민보다 생활인구가 몇 배 많다거나 어떤 시기에 생활인구가 늘어나는 경향이 있다거나 생활인구의 활동유형은 어떠한 유형이 있다 등의 분석결과를 제시했습니다.[35]

〈 생활인구 데이터 〉

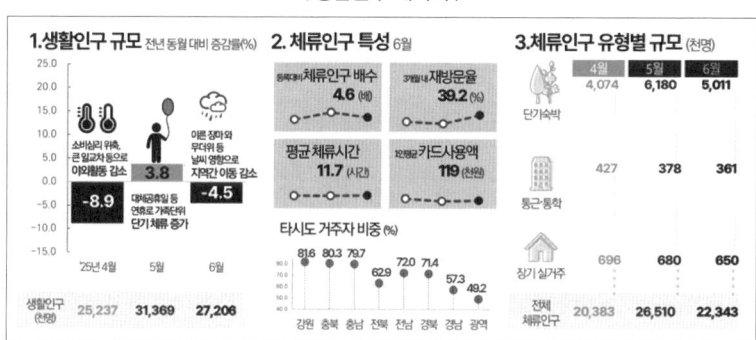

* 출처: 관계부처합동 보도자료. 2025.12.09.
"한눈에 보는 생활인구, 시각화 데이터로 지역인구정책 해답 찾는다."

그 연장선상에서 지역마다 문화체육관광부의 디지털 주민증, 00사랑도민증,[36] 생활도민증[37] 등 여러 형태의 '증'이 존재합니다. 지자체 차원에서 2023년 12월, 남원시는 전국 최초로「남원시 생활인구 기본조례」

이외의 지역을 방문하여 하루 3시간 이상 머무는 횟수가 월1회 이상인 사람. ③「출입국관리법」에 의거하여 외국인 등록을 하거나, 「재외동포법」에 따라 국내거소신고를 한 사람.

35) 구체적인 생활인구 데이터는https://data.mods.go.kr/nowcast/popul_moving_chart.do 참조.

36) 전북사랑도민증(2022년)

37) 강원생활도민증(2025년)

를 제정하고, 남원사랑시민제도를 운영하는 규정을 제시했으며, 구미시는 「구미시 인구정책 지원 조례」를 개정하며 '외부인구유입지원센터'를 운영한다는 규정을 제시했습니다.

주소지 외에서 활동하는 사람이 많기 때문에 등록주소지역과 활동지역이 일치하지 않을 수 있고, 특히 인구감소지역을 기준으로 보면 실제 생활하는 사람 중에 평균 33% 그러니까 1/3은 해당 지역에 주민등록이 없는 체류형 생활인구지만 지역의 공공생활서비스를 이용하는 데에는 제약을 받는 경우가 많다는 연구결과도 있습니다.[38]

주민 대상 프로그램이나 지원 혜택을 받을 수 없는 경우가 많기 때문입니다. 그러나 그런 문제를 해결하기 위해 공공생활서비스를 확대하면 지자체로서는 재정이나 행정 부담이 늘겠지요. 혜택의 이중수혜나 제도 작용 문제도 염려되는 부분이긴 합니다.

생활인구 개념에 대해서는 명확한 선정 기준과 측정 방식이 필요하고, 활용방안에 대한 구체적 논의가 필요하고,[39] 구체적 실체가 없이 단순한 통계적 개념이기 때문에 정책수단으로써 효과가 제한적이라는 지적도 있습니다.

일본 사례와 같은 비판이 우리나라에서도 제기되고 있는 상황입니다(그러나 일본과 달리 지자체 실무자를 대상으로 중앙정부에 대한 의견조사는 거의 이루어지지 않는 측면도 있습니다).

---

38) 안소현·정우성·강민석·김민지. 2025.05.12. "체류형 생활인구의 생활등록제 도입방안." 「국토정책 Brief」 No.1012.

39) 하혜영·류영아. 2022.11.17. "새로운 인구개념인 '생활인구'의 의미와 향후 과제." 「이슈와 논점」 제2013호.

등록 효과는 어디에?

이쯤에서 다시 인구를 중심으로 이 제도들의 유효성을 다시 생각해봅니다.

먼저, 관계인구나 생활인구 사업 추진의 배경을 다시 한번 검토할 필요가 있습니다. 새로운 인구사업이 필요한 것은 지방에 사람이 줄기 때문이라고 합니다. 안 태어나서 줄고, 나이 들어 사망하여서 줄고, 일할 만한 인구가 수도권으로 떠나기 때문에 줄고, 인구가 줄어드니 생활 인프라가 부족해서 이사 가서 떠나므로 줄어드는 상황이 이어지고 있습니다. 그런데, 자연적 이유건 사회적 이유건 이 모든 것이 이유일까요? 결과일까요?

이 부분에 대한 답이 먼저입니다. 출생률이 낮아지는 것은 이유가 아니라 사회적으로 아이 키울 만한 환경이 안 되기 때문이므로 결과입니다. 나이 들어 사망하는 것은 자연사도 있지만 한편으로는 고령자 복지가 좀 더 괜찮으면 조금이라도 막을 수 있으므로 사회정책의 문제가 원인이기 때문에 고령자 감소 또한 결과입니다. 청년이 떠나는 이유는 (많은 이유가 있지만) 대체적으로 지방에 일자리가 부족하기 때문에 이것도 결과입니다. 이렇듯 대체로 인구 위기에 대한 것은 잘못된 원인 분석에서 시작할 위험성을 경계해야 합니다.

둘째, 사업의 공정성과 정당성 문제입니다. 지방의 구조적 원인에 대한 해결은 시간도 오래 걸리는 어려운 문제이므로 지방의 관심인구이자 우호인구인 관계인구에 차선책으로 눈을 돌리게 되었고 우리나라와 일본 공히 관계인구도 주민인구처럼 늘리고자 '증'도 발행하고, 통계도 내고, 분석도 하는 경향이 형성되고 있습니다.

이동성을 촉진하면 뭐라도 지방에 도움될 것이라는 접근은 어느 정도 유효할 수 있지만 아쉽게도 이러한 시도에는 좀 더 보완이 필요해보입니다. 특히 이른바 외지인인 관계인구와 생활인구에 대해 그런 혜택을 부여하면서 정작 주민에 대해서는 어떤 고려를 하고 있는가라는 현장의 비판 목소리가 매우 높게 나타나고 있습니다.

따라서, 정책의 형평성 문제를 고려하여 새로운 인구에 대한 혜택과 주민에 대한 혜택을 페어링하여 동시에 추진하는 것이 현장의 반발을 줄일 수 있고, 공정성을 실천하는 방안입니다. 특정 계층에 대한 혜택만 강조하여 사업의 본래 의미를 제대로 전달하지 못하는 상황을 심각하게 고려해야 합니다.

셋째, 관계인구와 생활인구의 실체를 구성하려는 노력 문제입니다. 사람의 관심과 애정, 특히 이 시대에 낯선 지방에 대한 관심과 애정은 쉽게 생기기 어렵습니다. 지방에서 수도권이나 다른 지방으로 우리에게 관심과 애정을 보내달라고 하는 일방적인 러브콜이 진심으로 사람의 마음에 와닿아서 단순 방문, 장기체류, 관광, 기부, 그리고 (그 어렵다는) 이주로 이어질 확률, 그리고 그러한 행태가 반복될 확률은 매우 낮고 서로 많은 노력이 필요합니다. 관계는 상호적인 것이니까요.

구체적으로 어떤 새로운 인구와 무슨 프로젝트를 구체적으로 실행하고 싶은가 하는 논의가 상호간에 더 진행되어야 합니다. 아무 일도 하지 않고 그저 한번 기부하고, 관광하고, 자원봉사하는 것만으로 진정한 관계가 앞으로 계속 이어질 것이라고 전망하는 것은 말도 안되는 것이지요.

예를 들어 일반 주민과 달리 조금이라도 공동체 활동이나 마을에 관심 있는 사람들을 '활동인구'라고 정의했을 때, 마을에 ① 활동인구보다 이동인구가 많다면 단기 관광객이 범람하는 상황입니다. 반대로 ② 이동인구가 적다면 마을에 오가는 사람이 적은 것이기 때문에 뭔가 새로운 기획이 필요할 것입니다.

그런 경우는 거의 못봤지만 ③ 활동인구 규모와 이동인구 규모가 비슷하다면 좀 더 대등한 관점에서 관계형성을 도모해볼 수 있습니다. 이상적으로 ④ 활동인구와 이동인구의 협력도가 형성되어 있지만 그때부터 발전을 도모해볼 수 있을 것입니다.

〈 관계인구와 활동인구의 규모에 따른 방정식 〉
① 활동인구 〈 이동인구 = 단기 관광 범람
② 활동인구 〉 이동인구 = 지역 기획 필요
③ 활동인구 = 이동인구 = 관계 형성 시작
④ 활동인구 + 이동인구 = 지역발전의 단초

마을의 상태와 조건에 따라 매우 다른 방정식이 형성될 수 있습니다. 그 어떤 상황이든 이토 박사의 말처럼 존재 증명보다 효과 증명을 유념하며, 지방은 제대로 된 관계인구 관련 조례 제정, 누구라도 편히 와서 지역살이를 알 수 있는 관계안내소 설치, 지역살이를 기쁘게 안내할 수 있는 (일종의) 관계안내인 육성, 그리고 지방에 방문하기 어려운 그 지독

한 교통접근성 문제 해소 등 지역과 다각적인 교류 경로를 만드는게 먼저입니다.

또한 외지인은 지역에 대한 불필요한 편견 없이 내가 살고 있는 지역 외에 다른 지역에 대해 관심을 갖고 접근하고자 하는 마음가짐을 가져야 합니다. 물론 이는 개인의 각성이나 노력 차원으로 해결되는 문제가 아니라 그만큼 지방에 대한 교육과 접촉 기회를 늘리면서 변화를 유도하는 방향으로 해결해야 할 부분입니다.

결론적으로 '증'을 만드는 등록사업은 다분히 행정편의적 발상에 머물 확률이 매우 높습니다. '증'은 관계 형성 과정에서 만들어질 수 있는 부산물이지 목표일 수 없습니다. 관계인구와 생활인구가 사람을 지방과 제대로 연결시키는 존재가 되려면 아직 멀었습니다. 보완해야 할 점을 서로 검토하며 상생할 수 있는 조건이 더 갖춰져야 할 것입니다.

〈시사점〉

□ 한국과 일본의 지방지원정책은 유사한 면도 있지만 지역별 정책
은 매우 다양하다.

□ 인구문제에 관한한 원인과 결과를 혼동하지 말아야 한다.

□ '관계인구'에서 중요한 것은 '인구'보다 '관계'이다.

□ 인구 관계는 양보다 질이 중요하다.

□ 새로운 인구에 대한 멤버십 부여, 증명서 발행은 관계 형성과정의
부산물이지 목표가 아니다.

□ 관계 맺고자 하는 지방과 외지인의 상호교류를 촉진할 수 있는 조
건이 여전히 부족하다.

□ 새로운 인구를 지방과 연결하려는 사업의 추진배경, 정당성, 공정
성, 효과에 대한 재검토가 필요하다.

□ 중앙정부에서 새로운 사업을 진행할 때에는 사업 전후에 지자체
실무자에 대한 현실적인 의견조사를 실시하며 지자체들의 의견
을 반영하고자 노력해야 한다.

제2부

물질의 연결

제4장

부업의 연결이 여는 신박한 기회, 요소몬

부업이라고 하면 뭐가 떠오르나요? '매일매일 직장에 다니기도 벅찬데 언감생심 부업이 가당키나?' 하고 느끼시나요? 아니면 '투잡, 쓰리잡 돈되는 건 다 한다'라고 생각하시나요?

대표자라면 '우리회사가 4대 보험을 처리해주고 월급도 따박따박 주는데 여기에 충성해야지 왜 다른 곳에 한눈파느냐?'고 생각할지도 모르겠네요.

한편, 이래저래 위기인 시대에 기왕이면 본업 외에 (파트타임이더라도) 내가 마음에 드는 일을 하며 돈도 벌고 싶은 사람도 있을 것입니다.

제4장에서는 지역과 부업이 연결되는 기회를 알아보고자 합니다. 그렇다고 지역에 가면 부업거리가 그득하다, '수익 보장, 숙식 해결!' 이런 식의 접근은 아니고, 다만 직장에 다니더라도 새로운 기회를 지역에서 찾고 싶거나 (관심은 있지만) 선뜻 지역에 다가가지 못할 때 '부업'이 서로

에게 이익을 주는 꽤 괜찮은 연결고리라는 것을 이야기하고자 합니다.

근무 방식 개혁과 부업·겸업 독려

2014년 일본의 제1기 지방창생정책은 도쿄로의 일극 집중을 방지하고 지방활성화를 위해 이주를 촉진했지만 지자체간 경쟁만 가열될 뿐 실질적인 이주효과는 나타났지 않았다는 점에서 2019년 제2기 지방창생정책은 지역에 오가는 관계인구를 활성화해야 한다는 정책을 추진하는 것으로 '약간' 방향을 전환했습니다. 관계인구 활성화 역시 궁극적으로는 지방 이주를 촉진하고자하는 정책이라는 점에서는 큰 질적 전환이라고 평가하기는 어려우니까요.

어쨌든 그 연장선상에서 부업·겸업 독려의 필요성도 제기되었습니다. 부업·겸업 독려는 2018년부터 추진한 '근무 방식 개혁'과도 연관이 있습니다. 즉, 노동조건과도 관련 있는 것이지요.

정부는 다양하고 유연한 근무 방식을 선택할 수 있도록 비정규 고용의 처우 개선, 임금 인상과 노동 생산성 향상, 장시간 노동의 시정, 유연근무가 가능한 환경 조성 등을 통해 일하는 방식 개혁을 실현하고자 하며 이에 대한 대응책으로, 재택근무가 확대됨에 따라 부업·겸업 보급 촉진도 결정했습니다. 그 객관적인 근거로 구글 트렌드의 '부업' 키워드 검색 추이가 제시되기도 했습니다.

〈 일본 구글 트렌드 '부업' 키워드 검색 추이(2004~2021년) 〉

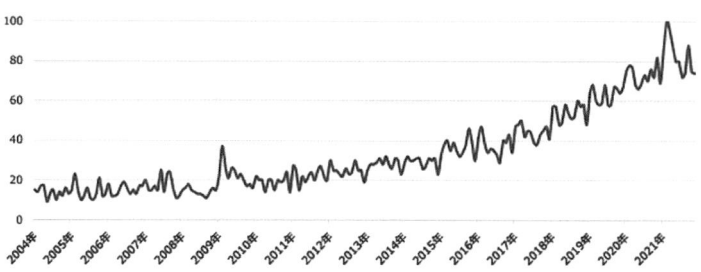

* 출처: https://www.kasseiken.jp/kassecms/wp-content/uploads/2022/02/03fy-03-01.pdf

그러나 관심이 높아졌다는 사실이 실제 행동으로 나타나는가는 별개 문제입니다. 더구나 기업이 부업·겸업을 허용하지 않는다면 개인이 하는 부업·겸업 활동을 모두 계약 위반으로 치부할 가능성도 있습니다. 2026년만 해도 일본 중소기업의 사원에 대한 부업·겸업 허용률은 31% 정도였는데 앞으로도 용인하지 않겠다는 비율은 43%나 되었습니다.[40]

따라서 일본에서는 2018년이 '부업 원년'으로서 부업·겸업 허용이 공식화되었다는 것과 그러한 정책의 궁극적인 목표는 지방이주를 활성화하기 위함이라는 것 그리고 그러한 시도는 2020년 판데믹 위기를 기점으로 재택근무가 활성화되면서 더 확대되는 중이라는 사실만 확인할 수 있을 뿐입니다.

---

40) "日 중소기업 10곳 중 3곳은 사원들 부업·겸업 용인한다."(연합뉴스 2016.12.14.) 반면, 이러한 경향은 2021년이 되면 부업 허용 55%로 5년 만에 20% 이상 증가하는 변화로 나타났습니다("日 겸업제 확산 가속, 기업 55% 이중취업 허용." 「조선일보」 2021.08.18.)

〈 일본 내각부의 프로페셔널 인재 사업 〉

プロフェッショナル人材事業

地域企業に新しい風を

プロフェッショナル人材事業は、
外部人材の活用による地域企業の経営課題解決を
後押しするため、各道府県に設置されている
プロフェッショナル人材戦略拠点が
地域企業とプロフェッショナル人材の
マッチングをサポートする事業です

累計マッチング件数
(2025/9時点) ▷ 36374 件

* 출처: ttps://www.pro-jinzai.go.jp/

　특히 이러한 부업·겸업 매칭은 지자체, 금융기관 및 민간 회사에서 모두 추진중이라는 사실을 눈여겨 볼 필요가 있습니다. 아직 우리나라 에서는 부업·겸업 매칭이 활성화되지 않은 상태니까요.

〈 일본 민간 회사의 부업·겸업 매칭 서비스 〉

서비스명	도입시기	사업자명	서비스 개요
조인스(JOINS)	2017년	㈜JOINS	• 나가노현 • https://joins.co.jp/ • 대도시와 지방의 인재 공유 서비스
스킬 쉬프트 (Skill Shift)	2019년	㈜みらい ワークス	• 도쿄도 • https://www.skill-shift.com/ • 도시 지역 정규직과 지역 기업을 연결하는 부업 플랫폼
요소몬 (YOSOMON!)	2018년	NPO법인 ETIC.	• 도쿄도 • https://yosomon.etic.or.jp • W워크·부업으로 지역에 기여하는 일을 찾을 수 있는 사이트
후루사토겸업 (ふるさと兼業)	2018년	NPO법인 G-net	• 기후현 • https://furusatokengyo.jp/ • 응원하고 싶고 도전하고 싶어지는 지역 프로젝트가 모이는 겸업 매칭 서비스
토모루이 (ともるい)	2020년	㈜Riparia	• 니가타현 • https://tomorui.jp/ • 도시에 살면서 지방에서 부업할 수 있도록 지원하는 서비스
트레저풋 (Treasurefoot, 구, 'Going· Going·Local')	2019년	㈜トレ ジャー フット	• 도쿄도 • https://treasurefoot.co.jp/ • 지역산업특화형 자문·복업인재 매칭 서비스

개인의 도전을 지역과 연결하는 회사

NPO법인 에틱(ETIC)은 30년 이상 역사를 가진 오래된 회사입니다.[41] 주로 하는 일은 지역을 연결하는 것입니다. 지역에서 봉사, 체험, 창업, 이

---

41) https://etic.or.jp/

주하고 싶은 사람들을 전방위적으로 지원하는 규모가 큰(직원 150명) 지역프로젝트 전문회사입니다.

개인의 도전을 응원하는 한편으로는 지자체들의 연합인 로컬벤처협의회[42]를 전국 단위에서 운영하는 등 지역과 관련된 여러 의미있는 사업을 전개합니다. 일본에 지역 관련 활동을 하는 회사들이 많은데 그 가운데 가장 접근하기 쉽고 활동영역이 넓고 분야가 다양해서 눈여겨볼 만한 회사 중의 하나입니다.

직장인과 지역을 연결

에틱이 (정부의 부업 · 겸업 독려가 시작된 시기인) 2018년부터 운영하는 '요소몬(YOSOMON)' 서비스[43]의 모토는 '지역의 재미있는 부업을 연결한다'입니다. 쉽게 말하면 일할 사람을 찾는 지역 회사와 일하고 싶은 직장인을 연결하는 서비스입니다.

〈 부업 정보 플랫폼 요소몬 〉

* 출처: https://yosomon.etic.or.jp

---

42) https://initiative.localventures.jp/
43) 요소몬(よそもん)은 '외지인(stranger, outsider)'을 부르는 요소모노(よそもの)의 방언입니다.

지방 회사의 과제 해결에 참여할 수 있는 프로젝트를 소개하고, 직장인은 이주나 정착하지 않아도 좋아하는 장소에서 지역에 관여할 수 있으며, 부업을 통해 주말만 근무, 원격 근무, 프로보노 등 새로운 지방과 관계맺는 것이 가능한 것이지요.

요소몬에는 마케팅과 제품 판매 촉진, 상품 기획, 경영기획 등의 분야가 등록되어 있는데 지역마다 현지 코디네이터가 지원하기 때문에 개인이 혼자 낯선 곳에서 일해도 도움받을 수 있는 시스템입니다. 코디네이터는 지원자와 지역 회사 사이의 '연결자'로서 효과적인 프로젝트 설계 및 지원자와 동행하며 활동을 지원합니다.

지방의 부업을 찾는 과정

6단계를 거쳐 지방 회사에 지원할 수 있는데 그 과정에서 반드시 회원등록을 해야하지만 누구나 무료로 등록할 수 있습니다. 지방의 프로젝트를 골라 지원서를 작성하여 신청하면 모집 회사와 코디네이터와 면담하여 (고용 계약이 아닌) 업무 위탁 계약을 합니다.

〈 요소몬 지원 과정 〉

단계	내용
1단계 프로젝트 검색	모집 중인 프로젝트 중에서 지원하고 싶은 일을 찾습니다.
2단계 ETIC.ID 등록	자신의 기술 등 필요한 사항을 입력합니다.
3단계 응모	관심 있는 프로젝트를 찾으셨다면, 지원 양식으로 신청해 주세요.
4단계 면담	모집 회사와 코디네이터와 면담을 진행합니다.
5단계 계약	면담을 거쳐 참여가 확정되면, 참여 회사와 업무 위탁 계약을 체결합니다.
6단계 프로젝트 시작	(의뢰기업의) 대표와 함께 프로젝트를 진행합니다.

* 출처: https://yosomon.etic.or.jp/about

요소몬에는 2018년부터 2025년까지 8년간 300여 개의 부업 요청이 올라와 있습니다. 평균 이용건수는 연간 40건, 월간 3건 정도 빈도네요.

요청이 올라온 부업의 키워드를 보면 홍보나 사무 지원, 모금, 고객 지원, 판매 등 일반적인 일부터 중간 지원, 경영 지원, 시스템 개발, 새로운 사업 설계까지 매우 다양합니다.

〈 요소몬에 게시된 부업 키워드 〉

Q **역할과 기술별 검색**

중간 지원 / 기업가 정신 및 경영 지원 / 코디네이터 (연결 역할) / 프로듀서 / 모금 및 모금 / 옹호 및 정책 권고 / 사무국 및 고객 지원 / 기획, 제품 개발, 프로그램 설계 / 창의적인 / 판매 / 고객 성공 / 대인 지원 (교육, 육아, 의료, 복지) / 홍보 및 홍보 / IT 및 시스템 개발 / 연구 및 분석 / 컨설팅 / 기업 기획 / 인사, 조직 개발 및 인적자원 개발 / 공무원 / 교사, 강사, 그리고 진행자 / 장인과 제조 / 설계, 기술 및 품질 관리 / 연구 및 개발 / 커뮤니티 디자인 / 새로운 사업 시작 / 사업 촉진 / CXO 및 임원 / 대통령의 오른팔 / 경영 및 경영 / 사무, 지원 작전, 비서 / CSR 및 지속 가능성 촉진 / 사업 개선 / 인사, 노동, 일반 업무 / 회계, 회계, 재무 / 프로젝트 매니저 / 건설, 건축 및 건설 관리 / 학교 및 대학 교직원 / 해석 / 국제 개발 및 국제 협력 / 해당되지 않음

*출처: https://yosomon.etic.or.jp/projects

지역 회사들은 요소몬 사이트에 요청사항을 올립니다. 그렇다고 단순하게 형식적인 구인공고를 올리는 것이 아니라 양식에 맞춰 꽤 정성스럽게 올립니다. 농어촌의 작은 가게여도 회사 연혁과 주력 상품 등을 자세히 설명하고 어떤 사람이 왜 필요한가하는 내용도 자세히 설명합니다. 읽는 사람이 지원하고 싶게 작성해야 뭐라도 일이 제대로 성사될 테니까요.

지역의 작은 공장에서 일반적인 내용[44]으로 구인공고를 올렸는데 아

---

44) 예를 들면 '선발: 00명, 부문: 영업직, 근무시간: 00시~00시, 보수: 추후 협의, 지역: 00시 등'이라고 공지하면 구직자는 개인적으로 검색하여 어떤 회사인지 대략 추정할 수 있을 뿐 자신이 구체

무도 지원하지 않아서 다시 구인내용을 친절하고 상세하게 올렸더니 구직자가 몰려들었다는 에피소드가 생각나는 대목입니다.

예를 들어 지역의 식당에서 부업 희망자를 찾는다는 요청을 올릴 때에는 프로젝트 주제, 역할과 기술, 주요 키워드, 가치와 문화, 계약기간, 예상 성과, 작업 방식, 교통비 지불자, 보수, 대표 메시지 등을 지정양식에 맞춰 기입하고, 창업일, 대표명, 직원수, 자본금, 매출, 산업 분야, 웹사이트, 위치 등 객관적 사실뿐만 아니라 왜 식당을 운영하고, 어떤 과정을 거쳐 창업했으며, 지역에서 어떻게 장사하며 주민과 교류하는지, 어떤 미래를 만들고 싶은가에 대해 거의 에세이처럼 착실하게 설명합니다.

〈 요소몬에 게시된 지역식당의 부업 요청 사례 〉

* 출처: https://yosomon.etic.or.jp/projects/358

적으로 무슨 일을 할 수 있는지 구체적으로 파악하기 어렵습니다.

모든 구인 포스팅이 마치 작은 책과 같은 회사 설명자료입니다. 고작 사람 한 명을 고용하는데, 그것도 부업인 사람을 찾는데 이 정도까지 공을 들이는가, 글빨 없는 사람들은 이런 설명을 과연 쓸 수 있을까 하는 의문을 갖는 분들도 있을 것 같은데요. 결국 이런 내용들은 이 서비스를 이용하는 사람들의 정체성을 나타내는 것 같습니다.

즉, 사람 귀한줄 아는 회사, 지역에서의 교류가 중요한 회사, 그리고 그 메시지의 의미에 충분히 공감할 수 있는 사람들이 이 서비스를 이용한다는 것이지요.

후쿠시마현, 나가노현, 이바라키현, 이시마키시 등은 요소몬 서비스를 지역별로 특화하여 운영하는 것도 특징입니다.

'후쿠시마 X'(후쿠시마현의 요소몬)[45]

후쿠시마현의 요소몬, '후쿠시마 엑스(혹은 후쿠시맥스)'는 2011년 후쿠시마 원전사고로 인해 주민들이 피난한 12개 지역의 부업 구직 서비스입니다. 농장 체험, 라멘공장 근무, 여성들이 만드는 주얼리 온라인상거래 사이트 제작, 빈집 활용 창업, 어업 지원, 마을 홍보, 창업지원 금융 시스템 구축, 자전거 문화 확산 프로젝트 운영 등의 부문에 부업 희망자들이 참여했습니다.

'문화 기획: 슈퍼스타가 아니라 함께 과정을 고민할 사람을 찾습니다', '마르쉐 운영자', '디지털 인재: 단, 보통 사람이 지역을 지탱한다는

---

[45] https://yosomon.jp/fukushimax

가치에 공감할 수 있는 사람' 등으로 구직 정보를 올리는데 주로 원격 근무자를 요청하는 내용이 많습니다. 그리고 재해지역이니만큼 지역 부흥, 인프라 복구, 새로운 창업 부문의 수요가 높습니다.

매해 재해지역에서 체류하며 활동하는 별도의 프로그램도 운영합니다. 2023년에 처음 시작한 이 프로그램은 프로젝트 아이디어가 있는 사람, 후쿠시 맥스가 지향하는 가치에 공감하는 사람, 프로그램을 통해 자신의 비전을 실현하기 위해 행동할 수 있는 사람 등을 모집하며 시작되었습니다.

참여 조건은 후쿠시마현 외 거주자로서 프로그램 기간 도중 이탈하지 않을 것, 연수 등 현지 참가를 위해 후쿠시마현 12개 지역에 다닐 수 있을 것 등이고 참가비는 (해마다 운영기간이 다르기 때문에 액수도 다르지만) 부가세 포함 33,000엔~55,000엔(33만 원~55만 원)[46]이며, 현지 연수 등 참가시 여비는 별도로 실비 부담하며 개인 필드워크를 실시할 경우에는 최대 22,000엔(22만 원, 세금 포함)의 활동 장려금(여비 등 보조)을 지급하지만 지역별로 무보수부터 보상금 지급까지 꽤 다양하게 진행합니다.

'나가녹'(NAGA KNOCK!, 나가노현의 요소몬)[47]

나가노현의 요소몬, '나가녹'은 2021년부터 시작한 지역부업서비스로서 현재 41개 회사가 참여하고 있는데 2024년까지 4년간 49개사에서

---

46)【참가비 포함 항목】후쿠시마현 12개 지역에서 개최하는 각종 연수 참가비. 기업가 멘토에 의한 3회 멘토링비. 지역 코디네이터에 의한 지원비 /【참가비에 포함되지 않는 항목】후쿠시마현 12개 지역에서 개최하는 각종 연수 참가의 교통비, 음식비, 숙박비

47) https://nagaknock.etic.or.jp

67명이 활동했습니다.

지금까지 진행한 프로젝트로는 인공온천 시스템 개발, 지역특산물 브랜딩·홍보·마케팅, 커뮤니티 기반 지역개발회사, 학교 교육을 결합한 프로젝트 기획 등이 있는데 이러한 조건을 만족할 수 있는 개인이나 회사를 구하며 주로 지역이 직면한 문제와 새로운 사업을 진행할 조력자들을 찾는 프로젝트를 진행했습니다.

〈 나가녹 서비스 〉

* 출처: https://nagaknock.etic.or.jp/

〈 나가녹 프로젝트 참여 실적 〉

실시 연도	지역회사(개)	참가인원(명)	평균연령(세)	성비(남성:여성)
2021년	15	26	34	6:4
2022년	14	14	39	9:1
2023년	12	22	42	8:2
2024년	8	10	40	3:7

* 출처: ETIC·長野市. 2025.
「ながの起業家創出プログラムNAGA KNOCK!(ナガノック)プログラムご紹介資料」. p.43.

프로젝트 참여 후에 아예 지역에 정착하여 창업한 사례도 늘고 있습니다. 한달살기, 워케이션보다 조금 더 본격적인 참여를 하며 지역이주 기회를 만드는 효과도 있는 것입니다.

또한 후쿠시마현처럼 지역 내 12개 회사가 참여하여 프로젝트당 2~3명씩 최대 30명을 모집하기도 했는데 6개월간 신규사업 창출을 모색하며 월 2회 2시간 온라인이나 대면으로 멘토링을 받고, 기업 연수(킥오프 연수, 필드워크 연수, 사업계획 작성 연수, 피칭)를 실시했습니다.

이바라킥(IBARAKICK!, 이바라키현의 요소몬)[48]

이바라키현의 요소몬 '이바라킥'은 2017년부터 운영하며 지역 내 16개 기업이 참여하고 있습니다. 모집 인원은 기업당 1~2명씩 최대 20명이며, 참가비는 무료인데(일부 자부담) 이바라키 외 지역에 거주하면서 이바라키 지역에 월 1회 정도는 방문해야 한다는 것이 조건입니다.

지금까지 전통 가옥을 개조한 숙박 거점의 디지털 마케팅, 폐교를 활용하여 지역특산품을 취급하는 안테나 숍 설립,[49] 토종 대두를 활용한 판촉 기획, 오래된 양조장을 개방형 양조장으로 전략 설계하는 프로젝트 등을 진행했습니다.[50]

---

48) https://ibarakick.etic.or.jp
49) 전세계의 폐교 활용사례에 대한 심도 있는 연구결과는 https://blog.naver.com/coffeetalk 참조.
50) https://drive.google.com/file/d/1WLRGkVExBSZP4yudiw9x6YlOaeNeeSgQ/view

〈 이바라 킥 참여기업의 요구사항(이바라키현) 〉

DX화를 더 진행시키고 싶다	밤의 명산지라고 알고 싶다.	바다의 행운을 밖의 사람들에게도 맛보고 싶다.	전통 공예와 문화를 지키고 싶다.
야외 활동을 더 즐기고 싶습니다.	이바라키의 매화는 더 할 수 있어야합니다.	멜론의 생산량 일본 제일이라고 알고 싶다	도쿄에서 가까운 위치를 더 활용하고 싶습니다.
브랜드를 설정하고 싶습니다.	지역 자원을 파고 싶다.	글로벌화를 진행하고 싶다	일하기 쉽고 살기 쉬운 환경을 정돈하고 싶다
가사마야키를 활용해 가고 싶다	SDGs의 노력을 진행하고 싶다.	이바라키의 딸기를 사용하여 명산품을 만들고 싶다.	시골의 이미지를 없애고 싶다.
이바라키 고등어를 더 알고 싶다.	이바라키 문어를 더 알고 싶다.	켄친 소바의 장점은 더 잘 알려져 있어야합니다.	이바라키의 바다의 매력을 더 PR하고 싶다

* 출처: https://ibarakick.etic.or.jp

　　이바라키현은 독자적으로 '부업협력대'라는 것도 운영합니다. 일본에서는 개인이 지역에 2~3년간 이주하여 지역의 일을 하며 월 20만~30만 엔(200만~300만 원)의 보수를 받는 '지역부흥협력대'라는 제도를 운영하는데 이바라키의 '부업협력대'는 기업 버전의 지역부흥협력대라고 볼 수 있습니다. 개인이 낯선 지방에 혼자 지원해서 가는 것보다 기업 차원에서 아예 사원을 부업하라고 지역에 보내는 것이 상대적으로 훨씬 쉽겠지요.

〈 이바라키 '부업협력대' 운영방식 〉

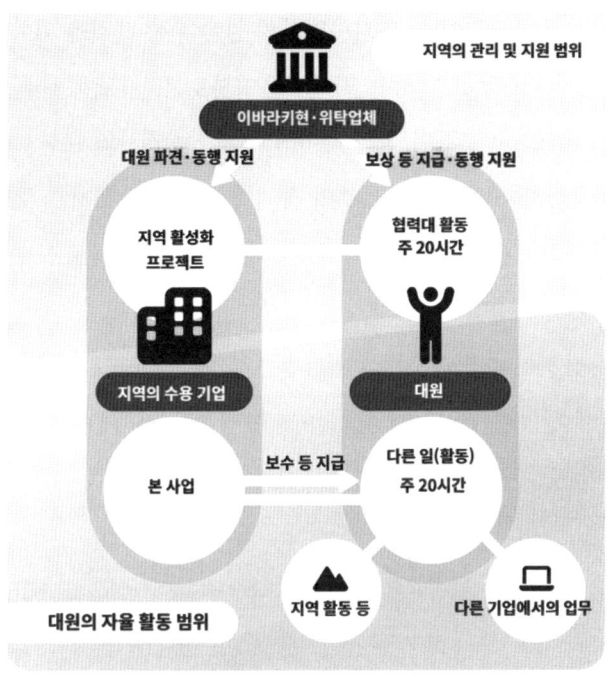

지역의 관리 및 지원 범위

이바라키현·위탁업체

대원 파견·동행 지원

보상 등 지급·동행 지원

지역 활성화
프로젝트

협력대 활동
주 20시간

지역의 수용 기업

대원

본 사업

보수 등 지급

다른 일(활동)
주 20시간

대원의 자율 활동 범위

지역 활동 등

다른 기업에서의 업무

* 출처: https://ibarakikyoryoku.etic.or.jp/

'교소몬'(GYOSOMON, 이시마키시의 요소몬)[51]

교소몬은 2019년부터 이시마키시 피셔맨 재팬사[52]가 요소몬 연계로
운영하는 어업 부업 매칭 전문 서비스입니다. 소개형 이직이 아닌 매칭
형 부업 서비스로써, 어부의 부업을 소개하는데, 지역에서는 외지인 수
용에 대해 적극적이지 않기 때문에 우선 부업자를 희망하는 지역기업을

51) https://yosomon.jp/gyosomon
52) https://fishermanjapan.com/

확보하는 것이 핵심 목적입니다.

수산업에 한정하여 지역 가공업자의 일손 부족 해결을 위한 인재를 모집하는데,[53] 프로젝트 시작 후에는 운영자로서 '피셔맨 재팬'이 적극적으로 관여합니다. 특히 현금이 아닌 이시노마키시의 수산물(현물)로 보수를 지급하여 원칙적으로 부업 금지인 기업의 종사자도 주말 동안 어촌에서 힐링하고 어업체험 형식으로 부업하고 수산물로 보수를 받게끔 하는 것이 특징입니다.

이런 장점이 부각되어 개설 초기에는 300명 넘게 지원했고, 4년간 20건 매칭에 성공했습니다. 내실 있는 성과 창출을 위해 대규모로 운영하지 않는 것도 특징입니다.

〈 교소몬 어업 부업 매칭 서비스 〉

* 출처: https://yosomon.jp/gyosomon

---

53) 최일선 외(2022: 68)

노동조건의 변화와 과제

일본 정부는 2026년 4월부터 국가공무원이 본업에 지장을 주지 않는 범위에서 자영업 형태의 겸업을 할 수 있도록 허용한다고 발표했습니다. 기존에는 부동산 임대나 태양광 발전 등 일부 분야에서만 겸업할 수 있었지만 앞으로는 '개인의 지식과 기능을 활용한 사업'과 '사회공헌 목적의 활동'까지 허용하기로 했습니다.[54]

부업·겸업으로 인한 시간을 총 노동시간에 포함시킬 것인가, 부업·겸업 활동에서 발생한 사고는 산재 처리가 되는가 등은 여전히 남아 있는 과제이지만 노동조건의 유연화는 이미 대세입니다. 우리나라에서도 점차적으로 부업·겸업에 대한 논의가 확산될 것입니다.

그렇다면 기왕 생각해봐야 할 선택지에 지방을 포함시키는 것도 괜찮지 않을까요? 그 계기로 새로운 노동기회를 발견할 수 있을 테니 말입니다.

---

54) "이제 공무원도 '투잡' 뛴다... 2030 탈출에 '중대 결단' 내린 日."(「한국경제신문」, 2025.12.23.)

〈시사점〉

□ 타지역의 사람이 지역에서 한시적으로 일할 수 있는 부업을 매칭해주는 서비스가 있다.

□ 부업을 하며 돈을 벌 수 있을 뿐만 아니라 한달살기, 워케이션보다는 훨씬 더 밀도 있게 지역을 알 수 있다.

□ 지방은 외지인과 일을 하며 개방감 있는 관계형성법 혹은 그 필요성을 느낄 수도 있다.

□ 지방 회사들은 부업할 수 있는 외지인을 채용하기 위해 정성스럽게 자신들이 하는 일에 대해 소개한다.

□ 일방적인 거창한 홍보나 큰 보수 제시만으로는 지역에 의미 있는 인력을 확보하기 어렵다.

□ 지방에서의 부업 경험이 타지역에서의 창업이나 이주로 이어지기도 한다.

□ 대부분의 지역은 프로젝트의 성공을 위해 대규모로 부업 희망자를 모집하기보다는 소규모로 집중적으로 관계맺는 방식을 선호한다.

□ 지역이 부업 희망자를 받아들일 때에는 해당 회사와 개인의 직접 거래보다는 중간에 적절한 노하우를 축적한 매니저나 코디네이터의 적절한 교육과 가이드가 반드시 필요하다.

□ 이 모든 서비스와 프로젝트에 들어가는 비용은 해당 지역의 회사가 지불하는 것이 아니라 보통 지자체 차원의 사업비로 일부 충당한다. 즉, 부업 매칭은 일종의 지역인구 늘리기, 지역 알리기, 지역의 관계인구 확보하기 등을 수행하기 위한 지자체 사업으로 진행된다.

제5장

돈으로 살 수 없는 **체험**의 연결, 마을의 코인[55)]

재미법인 카약

612개 그룹 250명 규모의 ㈜카약(KAYAK, 面白カヤック)[56)]은 정말 많은 서비스를 제공하는 회사입니다. 1998년 청년 세 명이 합자회사로 창업한 초기만 해도 '기발한 IT 서비스를 제공한다', '지역자본주의라는 창업철학이 신선하다' 정도의 느낌이었는데 2005년 주식회사로 전환하며 지역 사업을 다양하게 전개하더니 지금은 25주년을 이야기하는 매머드급 회사가 되었습니다.

특히 이주 및 지역 일 연결 전문 플랫폼 스마우토(SMOUT) 서비스[57)]

---

55) 이 글은 「더가게」에 게재한 "돈으로 살 수 없는 체험의 연결, 마을의 코인" (2025.08.05., https://blog.naver.com/small2great/223959933232)을 수정한 글입니다.

56) https://www.kayac.com

57) https://smout.jp, 등록 지자체 1,130개, 등록 유저 약 7만 3천 명

로 유명한데, 최근에는 일본 총무성의 지역부흥협력대 홍보 사업도 담당하기 시작했습니다. 우리나라에서는 2011년 출판된(지금은 절판된), 설립자 중의 한 명이자 대표 야나사와 다이스케(柳大輔)의 『아이디어 생각하지 마라: 한 번뿐인 인생 그저 그렇게 살래, 신나고 재미나게 살래?』라는 도발적인 제목의 책도 유명합니다.

〈『아이디어 생각하지 마라: 한 번뿐인 인생 그저 그렇게 살래, 신나고 재미나게 살래?』〉

* 출처: https://product.kyobobook.co.kr/detail/S000001090097

카약은 일단 재미를 중심으로 경영하는 기업이기 때문에 회사 이름도 '재미법인 카약'입니다. ① 무엇을 할까보다 누구와 할까, ② 가마쿠라 본사와 떠나는 지사, ③ 주사위 월급과 스마일 월급, ④ 만화 같은 일을 우선 한다, ⑤ 양이 질을 낳는다, ⑥ 브레인스토밍, ⑦ 감사 등이 기업

이 지향하는 가치와 전략의 특징입니다.[58]

전국적으로 사업을 전개하지만 특히 본사가 있는 가마쿠라시에서는 마을식당이 돌아가며 마을에서 일하는 사람을 위해 식사를 제공하는 마을 사원식당, 마을 보육원[59] 및 창업지원센터 운영, 마을 전체를 영화관으로 만드는 마을 영화관, 음식을 가져와서 먹고 교류하는 마을 살롱, 기술제작을 지원하는 팹랩(FabLab) 등 가마쿠라의 매력을 끌어올릴 수 있는 사업을 전개합니다.

이 가운데 마을 사원식당, 마을 보육원, 마을의 코인 등의 사업은 지역자본주의를 발전시킨 사례로 높이 평가받아 2025년 총무성의 42회 '고향을 만들기' 대상을 수상했습니다.[60]

이렇게 수많은 사업 가운데 카약이 지역사업을 전개하며 제시한 '마을 전체가 오피스'라는 슬로건에 집중하여 마을 체험을 연결하는 '마을의 코인' 사업에 대해 알아봅시다.

돈으로 살 수 없는 체험의 연결, 마을의 코인

'마을의 코인'[61]은 2019년 가마쿠라시에서 처음 테스트를 시작한 마을 상점 연결, 마을 관광 촉진, 사회문제 해결 프로젝트입니다. 2025년 12

---

58) 전영수. 2012.05.05. "웃음이라는 집단지성으로 무장… 주사위 던져 월급 주는 괴짜 기업." (「이코노미 조선」 제596호)

59) 일본의 보육원(호이쿠엔)은 우리나라와 달리 방과후 학교나 영유아 교육 프로그램을 의미합니다.

60) https://www.kayac.com/news/2025/01/furusatozukuri

61) 2분짜리 안내 동영상은 https://www.youtube.com/watch?v=7WLdEqcVrOU&t=1s 참조.

월 기준으로 6년간 일본내 31개 지역, 4,366개 상점에서 17만 3,612명이
사용하는 파급력 높은 서비스입니다.

〈 마을의 코인 이용 현황 〉

마을의 코인은 돈이 돈을 버는 물질적 '화폐', 일종의 유가증권으로
서 흔하게 통용되는 지역화폐라기보다는 서로의 약속으로 통용되는 화
폐의 속성에 실천이라는 아이템을 추가하여 커뮤니티 사업화한 것입니
다. 즉, 돈을 만드는 방식, 정확하게는 의미 있는 가치나 부가가치를 만드
는 방식이 다양할 수 있다는 것을 알려줍니다.

좀 더 자세히 사용방법을 알아봅시다. 우선, 앱스토어에서 앱을 다운
로드합니다.

〈 마을의 코인 앱 〉

그리고, 사용지역을 선택합니다. 물론 나중에 지역을 바꿀 수도 있습니다(당근마켓 같은 방식이지요). 그 다음, 궁금한 상점이나 프로젝트를 찾아 방문(체크인)하거나 실행합니다. 보통 지역별로 100여 곳 이내 규모인데, 일반 상점 외에 관공서나 비영리단체도 있습니다.

〈 마을의 코인 사용장소(가마쿠라) 〉

* 출처: https://coin.machino.co/regions/kamakura/shops

지역을 즐기는 커뮤니티 통화

마을의 코인은 코인을 주는 사람이나 받는 사람이나 돈으로 사기 어려운 기쁜 경험을 제공합니다. 각 장소에서 쓰레기 줍기, 농사 일손 돕기, 비치클린, 상점에서 에코백이나 텀블러 사용하기 같은 미션을 수행하면 코인이 늘고, 상점에서 물건을 구입하며 사용하면 코인이 줄어드는 방식입니다.

예를 들어 관심 있는 가게에 첫 방문을 하면 방문 감사의 의미로 50코인을 받고, 비치클린 같은 환경정화활동에 참여하면 수고의 대가로 500코인을 받을 수 있습니다. 마을의 매력을 찾고, 사람을 만나고, 활동에 참여하면 코인을 얻고 그렇게 모두 거리를 즐길수록 사람도 움직이고 코인도 순환하며 부가가치가 만들어집니다.

어떤 지점에서는 럭키 코인을 받아 레벨업도 할 수 있습니다. 레벨업을 하려면 특별한 미션을 수행해야 하는데 지속가능발전가치(SDGs)와 연관성 높은 곳에서 SDGs와 관련 있는 퀴즈, 이벤트 등에 참여하면 됩니다.

〈 마을의 코인 앱 사용법 〉

1
앱 다운로드
스토어에서 앱을 다운로드합시다.

2
사용자 등록
앱의 지시에 따라 사용자를 등록하십시오. 도입 지역을 실수없이. (나중에 전환할 수 도 있습니다)

3
체크인
지도에서 신경이 쓰이는 가게나 프로젝트를 찾아가보자! QR 코드를 찾으면 체크인해 보세요.

4
즐거운 경험
가게나 프로젝트가 제공하고 있는 다양한 「돈으로 살 수 없는 기쁜 체험」을 해 봅시다!

* 출처: https://coin.machino.co/

일반 상점에서 자유롭게 활동을 제안할 수도 있습니다. 상점에서 유리창을 닦으면 티켓 발행, 상점에서 진행하는 클래스를 들으면 티켓 발행 등도 진행합니다.[62] 주민들을 모아 아이디어 제안 회의를 하는 경우도 있습니다.

또한 전통화폐로 교환하지 못하며 6개월이라는 유효기간 동안 사용하지 않으면 운영자금으로 회수되면서 사라지는 특징도 있습니다.[63]

현금으로 지불하기 어렵지만 보상해야 할 것 같은 실천에 대해 보상하며 지역 실천 활성화에 기여하고 일하는 사람들과 연결을 깊게 하여 지역에서 더 즐겁게 일한다는 식입니다. 일종의 게이미피케이션식 지역 실천 활동으로서 실천에 대해 의미 있고 재미 있는 보상을 하는 방식입니다.

게임처럼 많이 사용하면 레벨이 올라가는데 서로 응원하며 코인을 주고 받기도 합니다. 응원받으면 코인이 느는 방식이지요. 다양한 미션을 수행해도 코인이 늘어납니다. '돈으로 살 수 없는 기쁜 체험'이 늘어나는 것입니다.

마을 전체가 오피스, 방문과 실천의 연결로 지역자본주의를 만든다

요즘 지역화폐가 점점 더 인기를 끌고 있지만 지역화폐의 역사는 꽤

---

62) 다양한 실천 사례는 hhttps://note.com/machino_coin 참조.

63) 유효기간을 설정한 것은 인간의 속성상 코인을 최대한 모으고 싶어 할 수 있는 문제를 방지하기 위한 조치입니다.

오래되었고 종류도 다양합니다. 마을의 코인도 일종의 지역화폐로서 커뮤니티 화폐라고 할 수 있으며, 지자체가 발행하는 것이 아니고 민간에서 발행하는 화폐입니다.

이 화폐가 잘 돌아가려면 가입 상점이나 관공서 혹은 비영리기관들이 일종의 가맹점으로 많이 확보되어야 하므로 (민간 화폐로 시작했지만) 그 효과는 민관 협력 효과를 기대할 수 있는 화폐이기도 합니다.

일반적으로 지역화폐의 할인이나 인센티브는 결국 지자체에서 보전해주는 것이기 때문에 시민의 세금으로 충당되므로 부담이 됩니다. 그러나 마을의 코인은 '모든 자연계의 존재처럼 돈도 나중에는 사라져야 한다'(실비오 게젤, Johann Silvio Gesell)는 가치를 표방하는 실천성이 강한 화폐라는 점이 다릅니다.

마을의 코인은,

① 이자가 없으며 사용하지 않으면 감가되는 통화

② 지역 고유 가치를 정량화·최대화함으로써, 지역 간 격차를 없애기 위한 통화

③ 전통적인 돈의 가치관을 소중히 하고 사람의 존엄을 존중하는 통화

④ 사람과 사람이 친해지는 통화

⑤ 지역 고유 과제 해결을 위해 함께 노력하고, 자신들이 사는 거리를 스스로 멋지게 만드는 통화

⑥ 그 결과, 각각의 거리가 개성으로 이어지는 통화

⑦ 이러한 노력이 비즈니스로 지속가능성을 확보하는, 즉 수익화 할

수 있는 메커니즘을 가진 통화입니다.

마을의 코인이 표방하는 지역 자본주의는 사람들의 방문이나 소비를 통해 지역 자본의 규모나 통화량을 늘리는 것입니다.

지속가능발전가치로 내 활동을 증명한다

마을의 코인을 사용하면 환경보호, 취약층 지원 등 SDGs 가치를 실천할 수 있는 기획을 통해 내 행동 변화의 계기를 찾을 수 있습니다. 거창한 사회운동단체에 가입하지 않아도 일상생활 속에서 부담없이 유익한 실천을 할 수 있습니다. 마을 상점과 비영리단체도 자발적으로 소소하게 실천할 수 있는 아이디어를 제시하면서 사용자와 커뮤니티를 만들고 그 과정에서 물질적으로나 정서적으로 풍요로워질 수 있습니다.

요즘은 정부든 기업이든 사회에서 얼마나 의미 있는 성과를 만들었는가를 증명하는 것이 대세인데 이를 '성과 평가'라고 부릅니다. 기업의 매출이나 정부의 세금 사용과 같은 숫자로 증명할 수 있는 활동뿐만 아니라 숫자로 증명하기 어려운 개인의 선한 실천, 공동체 참여 시간 등도 사회의 의미 있는 활동으로 여겨 성과평가에 포함시키고 사회의 모든 활동에 의미부여를 하는 것이 일반적인 추세입니다.

이런 의미에서 일본의 많은 기업과 커뮤니티는 자신들의 활동에 대한 성과평가를 UN이 제시한 지속가능발전목표에 맞춰 제시합니다. 매우 많은 성과 평가 방식이 있지만 기왕이면 UN이 제시한 인류 보편적 기준에 맞춰 누구나 이해하기 쉬운 기준으로 증명하겠다는 것이지요.

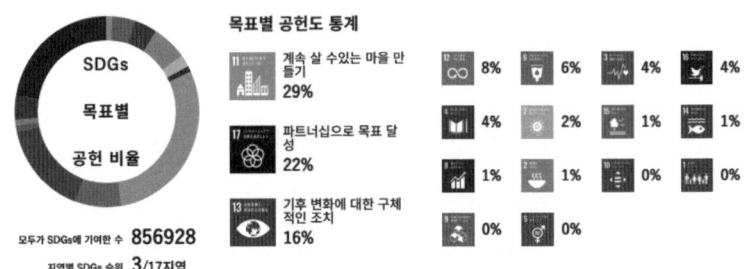

〈 가마쿠라시 마을의 코인의 지속가능발전 성과 〉

* 출처: https://coin.machino.co/regions/kamakura

SDGs 기준으로 평가한 결과, 가마쿠라시 마을의 코인은 계속 살 만한 도시 만들기에 29% 기여하였고, 상점이나 개인의 협업으로 목표 달성은 22% 증대시켰으며, 기후변화실천활동은 16% 증가시켰다고 합니다. 지역내에서만 지속가능발전가치를 실천한 건수는 73만 7천 개에 달하는 것으로 나오네요.

돈, 그 이상의 가치와 삶

사람들은 때로는 환경을 보호하기 위해 제로웨이스트숍을 들르던가 텀블러를 갖고 다니던가 비치클린 활동에 참여하기도 하고 지역내 취약층을 찾아 봉사하기도 하고 어느 때는 조금 여유 있는 마음으로 기부할 곳을 찾기도 합니다.

이러한 선한 마음과 실천이 계속 이어지려면 그 모든게 지속가능한 구조가 만들어져야 합니다. 굳이 마을의 코인이 아니어도 비슷한 실천이 이루어진 역사는 매우 오래되었지요. 그 연장선상에서 마을의 코인이 전달하려는 메시지, 그리고 일반적인 소비와 사회문제 해결을 위한 실천 노력을 연결하고자 하는 게임식 방법을 눈여겨볼 필요가 있습니다.

마을의 코인을 사용하면서 마을의 개성이 풍부해지고, 지역 내외의 사람이 사이가 좋아지면 관계인구로 연결되고, 지속가능한 발전에 기여할 수 있고, 경제 효과도 기대할 수 있습니다. 사용하면 할수록 친해지는 돈, 거리를 재미있게 하는 돈을 지향하며 체험을 연결하고, 착한 소비와 선행을 연결하면 내가 사는 곳도 제법 행복하고 살 만해질 것이라는 메시지, 그것이 마을의 코인의 시사점입니다. 결국 체험의 연결은 체험의 축적 성과가 차곡차곡 마을에 누적될 때 더욱 의미 있을 것 같다는 느낌이 듭니다.

〈시사점〉

□ 마을의 코인은 사용할수록 즐겁고 관계가 돈독해지는 커뮤니티
화폐이다.

□ 마을의 코인은 마을 상점을 방문하고 마을활동을 실천만 해도 코
인이 증가하는 방식으로 화폐의 유통량을 늘린다.

□ 마을의 코인은 특별한 미션을 수행하면 레벨업되는 게이미피케
이션 방식으로 사용된다.

□ 마을 상점, 비영리기관, 관공서는 더 즐거운 경험을 궁리하기 때
문에 창의적 활동을 위한 기획력이 증진될 수 있다.

□ 마을에 코인이 많이 통용될수록 마을의 활력도 커진다.

□ 마을의 코인은 착한 소비와 선행이 증가하는 새로운 지역자본주
의를 만든다.

제6장

먹거리로 산지와 도시를 연결, 다베루 통신[64]

다베루 통신의 시작

일본에서 2011년 동일본 대지진은 매우 큰 충격이자 그 이후 사회 변화의 시작이 되는 사건이었습니다. 재해를 수습하며 피해를 복구하는 과정에서 많은 사람이 자원봉사를 했고, 낯선 피해지에서 서로 만나 작업하며 생각의 변화도 나타나기 시작했습니다.

이를테면 '앞으로 또 이렇게 큰 재해가 발생하면 우리는 어떻게 대응할 수 있을까', '세상에 이렇게 자발적으로 도와주는 사람이 많으니 살고 싶은 용기가 나네', 그리고 '어떻게 살아야 잘 사는 것일까' 하는 생각을 하는 사람이 많아졌습니다.

그리고 그런 고민들은 이후에 여러 가지 새로운 시도로 이어집니다.

---

64)이 글은 「더가게」에 게재한 "먹거리로 도시와 지방을 연결하는 '다베루 통신'"(2025.06.25., https://blog.naver.com/small2great/223911231059)을 수정한 글입니다.

다베루 통신이라는 잡지도 그런 새로운 시도의 하나입니다. 2013년 비영리법인이 창간한 도호쿠 다베루 통신(東北食べる通信)은 우리말로 하면 도호쿠의 '먹거리 잡지'입니다.

〈 다베루 통신 홈페이지 〉

* 출처: https://taberu.me

다카하시 히로유키와 다베루 통신

다베루 통신을 시작한 다카하시 히로유키(高橋博之)는 2016년에 '관계인구'라는 말을 처음 만든 사람입니다. 지금은 절판되었지만 우리나라에는『우리는 시골 농부를 스타로 만든다』라는 제목으로 번역된 책의 저자이기도 합니다. [65]

다카하시는 동일본 대지진의 자원봉사자들이 돕기 위해 피해지에

---

65) 우리나라에서 진행된 다카하시 히로유키의 2017년 강연은 https://www.youtube.com/watch?v=LwxzjU6UViY 참조.

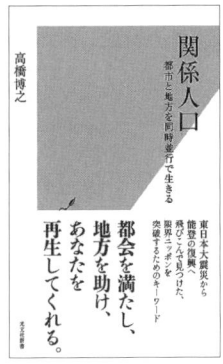

* 출처: https://product.kyobobook.co.kr/detail/S000001963333, https://tinyurl.com/25m8x74l, https://tinyurl.com/28me8qqr

와서 오히려 피해민인 농어민들과 교류하며 감동 받고 돌아가는 모습을 보고 도시와 농촌이 '연결'되면 좋겠다는 생각으로 다베루 통신을 창간했습니다.

다베루 통신의 다양한 연결 방식

다베루 통신은 단순히 생산지와 도시를 먹거리로 연결하는 잡지가 아니라 매우 다양한 방법으로 연결을 시도하는 일종의 플랫폼 역할을 합니다.

첫째, 다베루 통신은 지역과 지역을 연결합니다. 그런데 한 곳이 전국 지역을 연결하는 방식이 아니라 15개 지역마다 독자적으로 발행합니다. 다베루 통신의 제목 앞에는 지역명이 붙어 있습니다. 후쿠오카 다베루 통신, 홋카이도 다베루 통신 이런 식이죠. 정기구독이긴 하지만 콘셉트,

디자인, 가격, 발행 횟수는 모두 현지에 맞춰 발간합니다.

매호마다 각 지역의 대표 생산자 스토리를 수록하고 지역 고유의 먹거리가 생산되는 과정을 자세히 소개합니다. 어떤 지역에서는 '고등학생이 만드는 다베루 통신(高校生がつくる水俁食べる通信)'도 발행합니다.

지점과 같은 프렌차이즈 형식이 아니라 지역 독자적인 '리그 방식'으로 발간[66]한다는 것이 첫 번째 특징입니다.

〈 각 지역의 독자성을 연결하는 리그 방식 〉

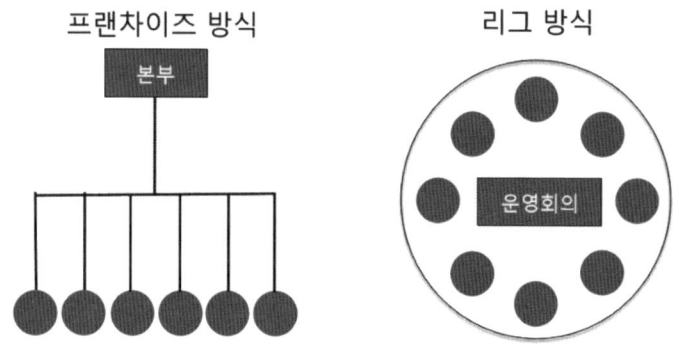

둘째, 다베루 통신은 먹거리로 도시와 지방을 연결합니다. 매호마다 제철 재료를 부록으로 제공합니다. 지역이나 재료마다 가격은 다르지만 잡지만 구독하면 7천 원이고, 부록까지 구독하면 2~3만 원 내외입니다.

---

66) 실제로 2014년 4월, 발간 1년만에 각 지역 다베루 통신이 모여 사단법인 다베루 통신 리그를 결성했습니다.

셋째, 다베루 통신은 콘텐츠로 모든 참여자를 연결합니다. 먹거리 생산과정 교육, 먹거리 부록, 먹거리로 만들 수 있는 요리 레시피, 소비자들을 연결하는 앱 '포케마루(ポケマル, 포켓 마르쉐)' 서비스도 운영합니다.

생산자는 포케마루를 통해 주문 접수와 상품을 발송하고, 구독자는 주문 및 생산자와 소통합니다. 때로는 생산자를 도시로 초청해 요리시식회를 개최하거나 거꾸로 구독자가 현지에 가서 체험하기도 합니다.

중간유통자가 없는 직거래 방식이기 때문에 저렴하고 신선하게 상품을 구매할 수 있습니다. 소비자와 생산자의 일종의 직접적 연결의식이 (강하든 약하든) 있기 때문에 자연재해같은 피해가 발생하면 자원봉사하기 위해 현지로 달려가는 소비자도 있습니다. 그리고 유통되는 다양한 지역상품은 고향사랑기부의 답례품으로도 사용됩니다.[67]

〈 포케마루의 상품 분류 〉

* 출처: https://poke-m.com

67) https://poke-m.com/furusato

다베루 통신의 철학

잡지의 발행 목적은 곧 발간 철학이기도 합니다. 다베루 통신의 핵심 철학은 세 가지입니다.

첫째, '세상은 먹는다, 그런데 우리가 먹는 음식은 어디에서 왔을까, 그 근원을 알자(Restore Society by Restoring Our Food Systems)'. 이런 생각에 기반한 다베루 통신의 슬로건은 '알고 먹으면 더 맛있다'입니다. '읽고, 이해하고, 먹고, 연결하자'는 것입니다. 농가에 신청하면 교류 이벤트나 투어도 할 수 있습니다.

둘째, '단지 돈을 내고 사먹는 소비자가 아니라 '생활인'으로서 적극적으로 구매, 체험, 교류하는 활동을 하자(From Consumers to Life Creators)'. 동시에 생산자의 사회적 지위를 높이는 것이 중요하다고 강조합니다. 그저 생산지의 제철 재료를 제공하는데 머무르지 않고 모두 참여하는 커뮤니티를 만들고자 합니다.

셋째, '도시와 지방을 연결하자(Reconnecting the City and the Countryside)'. 다베루 통신은 생산자와 소비자가 연결되어 서로 힘을 내고 새로운 커뮤니티를 만들고자 합니다. 그런 의미에서 단순한 먹거리 택배 서비스가 아니라 커뮤니티 서비스라고 강조합니다.

그 결과 창간 3년 만에 전국 37개 지역의 생산자를 확보했습니다. 2021년에 시작한 포케마루 서비스는 2025년 12월 기준 생산자 8,600명, 소비자 84만 명을 확보했습니다. 월평균 구매 횟수는 2.5회이며, 소비자의 10%는 생산지를 직접 방문했다고 합니다.

이쯤에서 다베루 통신과 포케마루 서비스를 운영하는 회사에 대해 좀 더 자세히 알아보겠습니다. 이 회사는 먹거리를 통한 도시와 지방의 연결, 사람과 사람의 연결 이상의 중요한 시사점을 제공하기 때문에 눈여겨볼 필요가 있습니다.

아메카제타이요, 먹거리의 연결은 사람의 연결이다

2025년, 다베루 통신의 역사는 12년이 되었습니다. 창간 당시 비영리 법인 대표였던 다카하시는 2015년 '아메카제타이요'[68]라는 회사를 설립하여 2023년 회사를 상장하고 대만과 홍콩에서도 사업을 진행하고 있습니다. 회사의 이념과 성장을 함께 경험한 각지의 생산자들이 주식을 사 주주가 되고 싶다고 연락 오면 보람을 느낀다고 합니다.

아메카제타이요는 최근 10년간 다베루 통신을 중심으로 고향사랑기부 플랫폼, 지방유학[69] 및 어린이 시골유학, 숙박예약 서비스 '스테이 재팬(Stay Japan)'[70] 등 생산지와 도시를 연결하는 관계인구 사업도 적극적으로 전개합니다.

특히 지역의 생산자가 밭 위에 태양광 발전 설비를 설치하고 전기와 음식을 동시에 만드는 솔라 셰어링(solar sharing) 사업과 생산자가 만든 전기를 소비자에게 판매하는 전력 소매 사업도 진행합니다.[71] 다베루 통

---

(68) 아메카제타이요는 '비 바람 태양(雨風太陽, あめかぜたいよう)'이라는 의미입니다(https://ame-kaze-taiyo.jp). 아메카제타이요의 임팩트 리포트는 https://tinyurl.com/27lzalpt 참조.

69) https://oyako.travel/

70) '모르는 일본에 머물러보자'는 슬로건으로 제공하는 스테이 재팬은 각종 숙박시설 1만여 곳을 연결한 여행예약 서비스입니다(https://stayjapan.com/)

71) https://ame-kaze-taiyo.jp/electricity/

신의 주력상품이 식품인 것처럼 아메카제타이요의 주력 상품으로 식품만큼 우리 삶의 필수품인 전기를 다룬다고 말합니다.

또한 회사의 주요 서비스를 통해 우리 삶의 기본적인 것을 연결하며 모든 것을 잘 연결되는 미래상을 제시합니다.

〈 아메카제타이요가 추구하는 미래상 〉

* 출처: https://tinyurl.com/27lzalpt

단지 낙관적인 미래상을 제시하는 것이 아니라 체계적으로 목표를 달성할 수 있는 방안도 제시합니다. 즉 5개 주력 서비스[72]의 성과를 바탕으로 단기·중기·장기 비전을 제시하는데 여기에서 (상장회사인만큼) 주주들을 설득할 수 있는 지표와 매출 성장 방안 등을 제시합니다.

먼저, 단기적으로는 5개 사업의 양적·질적 성과를 평가하고, 중기적으로는 관계인구 형성에 기여하며, 장기적으로는 2050년 일본 총무성이 1억 명의 인구를 추산한 것을 근거로 그중에 20%인 2천만 명의 관계인구를 형성하여 도시와 지방을 좀 더 긴밀하게 연결한다는 비전을 제시합니다. 경제적 성과와 사회적 성과를 동시에 성취하겠다는 야심찬 비전을 제시한 것입니다.

〈 아메카제타이요의 비전 〉

* 출처: https://tinyurl.com/27lzalpt

---

72) 5개 주력 서비스는 포케마루, 포케마루 고향납세 기부 플랫폼, 다베루 통신, 지방 유학, 스테이 재팬입니다.

사회적 재무제표와 기업 활동

그렇다면 사업 성과를 양적·질적으로 평가한다는 의미는 무엇일까요? 회사 매출 상태도 좋고 성장가능성이 있다고 주주와 일반인을 설득하는 것은 매우 어려운 일입니다. 모든 회사들이 "우리는 좋은 상품(서비스)을 가지고 있다", "우리는 좋은 일도 한다"는 말을 하지만 일방적인 선언에 그치는 경우가 많습니다.

ESG 경영, 사회적 임팩트, 지속가능한 발전 등의 표현이 있지만 정말 그러한지는 결국 숫자로 증명해야 하는 경우가 많습니다. '좋은 상품(서비스)', '좋은 일'에서 결국 핵심은 '좋은'이고, 그걸 얼마나 잘 설명하는가가 중요한 것입니다.

그런 내용으로 임팩트 보고서 등을 정기적으로 발표하며 질적인 활동을 측정하여 숫자로 나타내고자 하는 많은 노력을 진행하지만 이제까지 본 많은 임팩트 보고서 중에 아메카제타이요의 임팩트 보고서가 가장 이해하기 쉽고 설득력이 높다고 봅니다.

아메카제타이요가 핵심으로 제시하고 있는 것은 '사회적 재무제표'입니다. 일반적인 회사의 손익계산서와 대차대조표가 일종의 '경제적' 재무제표라면 기업의 사회적 활동을 수치화한 것이 '사회적' 재무제표입니다. 이 회사는 관계인구 증대를 매출 증대와 연결하는 만큼 '사람의 활동'을 측정하는 방식을 제시합니다.

일반 회사는 비용과 이익을 합쳐 매출을 표시하고, 회사의 자산은 그 이익과 부채가 이루는 구조이기 때문에 매출 증대뿐 아니라 영업이익 최대화가 목적입니다. 그런데 아메카제타이요는 5개 서비스의 안정을 기

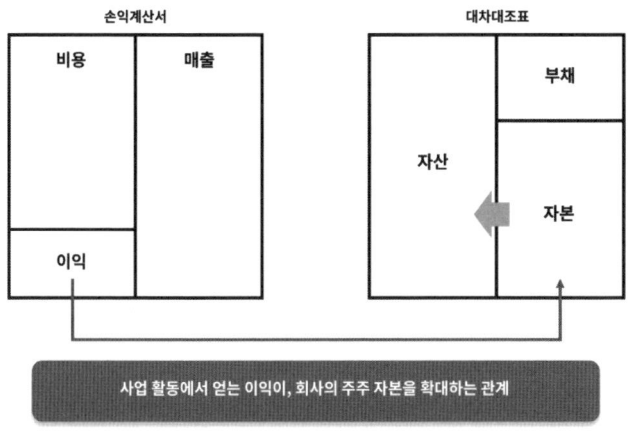

〈 일반 회사의 이익산출 방식 〉

사업 활동에서 얻는 이익이, 회사의 주주 자본을 확대하는 관계

* 출처: https://tinyurl.com/27lzalpt

반으로 새로운 '사회적 재무제표'를 제시하며 회사 가치의 구성요소를 다변화시켰습니다.

소통량과 이동시간을 포함하는 사회적 재무제표

사회적 재무제표는 영업이익과 매출을 근간으로 하는 경제적 재부 제표에 5개 사업의 질적 매출을 포함시켰습니다. 즉, 5개 사업의 성과를 3개 부문으로 구분하여 ① 대면 유통액(소비자 매출: 포케마루의 유통액+다베루통신의 매출+고향납세 기부액[73] +지방유학의 매출+스테이 재팬의 유통액), ② 생산자와 소비자의 소통 규모(소통량: 포케마루의 메시지 수+포케마루의

---

[73] 이 서비스에서는 기부액의 30% 이하 범위에서 제공할 수 있는 답례품을 제공하는 것이지만 특허 제7442831호에 근거하여 상품가격을 기준으로 납부액을 자동으로 산출합니다.

‘고마워요' 게시물 수), ③ 도시와 지방을 오간 일 수(지방유학 실적+지자체 프로젝트 실적+스테이 재팬 실적)로 산출한 것입니다.

말하자면 상업적 매출에 소통량과 이동시간을 추가한 것인데, 여기에서 도시와 지방을 오간 일 수는 과거에는 그저 ‘도시인이 지방에 체류한 시간'이었지만 2025년 스테이 재팬 서비스 시작을 계기로 ‘도시와 지방을 오간 일 수'로 변경했습니다. 일방적으로 타지역에 머무는 기간만 산출할 것이 아니라 오가는데 소요되는 이동시간도 산출해야 한다는 점에서 매우 합리적인 산출근거입니다.

많은 지역이 관계인구 혹은 생활인구를 상정할 때 외지인이 한 곳에서 얼마나 오래 머무는가를 중심으로 ‘(현행법을 기준으로) 우리 지역에 1년에 한 번, 하루에 3시간 머문 생활인구가 000명이다'라고 산출하는 것에 비하면 도시와 지방 모두를 포함하여 이동시간까지 산출하고, 또

〈 아메카제타이요의 사회적 재무제표 구조 〉

* 출처: https://tinyurl.com/27lzalpt

한 그 안에서 이루어지는 메시지 건수를 소통량으로 산출하여 관계의 양뿐만 아니라 깊이도 산출하려는 아메카제타이요의 방식은 매우 인상적입니다.

사회적 재무제표를 좀 더 자세히 보면 사회자본(social capital)의 계량화라고 볼 수 있습니다. 소통량과 이동시간, 체류시간뿐만 아니라 지자체와 협업 수, 지자체 및 기관의 강연 의뢰, 직접 대면하여 만난 사람 수, 협업 프로젝트 수, 온오프라인 미디어 노출량 등을 모두 산출합니다.

그렇게 관계인구 산출 과정을 명확하게 설계합니다. 다음 그림에서 보듯 (점선 아래의) 경제적 재무제표 이면에 작동하는 사람의 활동과 시간을 (점선 위의) 관계로 구조화하여 사회적 임팩트의 내포를 훨씬 풍부하게 설명합니다.

〈 아메카제타이요 사회적 재무제표의 세부 구조 〉

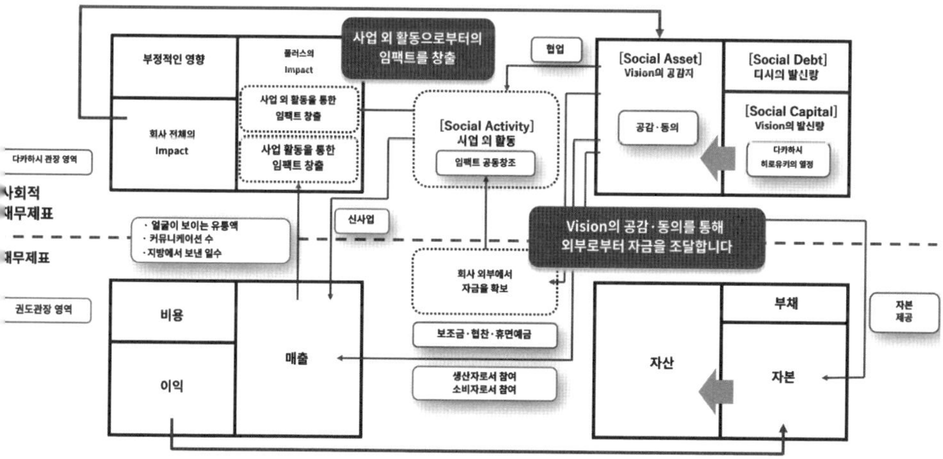

* 출처: https://tinyurl.com/27lzalpt

아메카제타이요의 활동 성과는 2018~2023년까지 매출총 800억 원, 소통건수 875억 건, 소비자의 생산지 체류일 수는 2,631일이나 된다고 합니다. 단지 돈으로 환산하기 어려운 큰 규모의 교류가 이루어진다는 것을 알 수 있습니다.

2025년까지 대면 유통액 123억 9,784만 엔, 생산자와 소비자의 소통량 1,230만 1,390건, 도시인이 지방에서 보낸 일 수는 16,118일, 포케마루 등록자 88만 명, 포케마루 월평균 구매횟수 2.5회, 등록 생산자 8,900명, 3명 중 1명이 생산자 페이지에 게시물 게시, 정보전달 소요시간 39만 7천 시간, 공감 규모 14,000명이, 7개 기관에서 1억 2천만 엔의 사업 외 협업실적을 올렸습니다.

지속가능발전 기여

일본의 많은 기업과 지자체처럼 아메카제타이요도 SDGs 17개 지표 기준 성과를 표현합니다. 평가결과, 특히 8개 부분의 성과가 나타났다고 합니다.

도시와 지방이 섞인 미래

아메카제타이요는 지방은 생산만 하고, 도시는 소비만 한다는 단절된 방식이 아니라 어떻게든 계속 연결하면서 피폐하는 도시와 쇠퇴하는 지방의 문제 해결에도 기여하고자 합니다. 광고가 없으면 존재하기 어려운 잡지 생태계에서 굳건한 철학을 바탕으로 연결을 실천하는 다베루 통신의 노력도 눈여겨볼 만합니다.

〈 아메카제타이요의 SDGs 기여 〉

포켓 마르셰 / 부모와 자녀 지방 유학
포켓 마르셰 판매를 통해 생산 환경을 안정화하고, 체험 프로그램 등을 통해 농업 외 수입을 확대한다. 또한 재해 시 지원 상품 개발 등을 통해 생산 환경 복구에 신속히 대응한다.

규격 외/미사용 어류
생산자가 일반적인 유통에 포함되지 않는 규격 외의 생산물이나 미사용 어류를 출품할 수 있도록 적극적으로 안내한다. 또한 홍보와 프로모션 활동을 통해 인식을 높이고, 폐기되는 식량을 줄인다.

포케말 전기 / 솔라 쉐어링 / 해상 풍력
재생 가능 에너지 100% 전기를 소비자에게 제공함으로써 소비자의 에너지에 대한 인식을 바꾸고, 또한 태양광 공유와 해상 풍력 발전과 생산자를 연결해 발전에도 기여한다.

응원 출품 지원 / 카나리아의 목소리
재해 발생 시 신속히 생산자를 지원하고 응원 상품 판매 등을 진행한다. 또한 기후 변화가 생산 현장에 미치는 영향을 '카나리아의 목소리' 라는 명칭으로 콘텐츠를 제작해 정기적으로 발신한다.

포켓 마르셰
생산자가 직접 가격을 매기고, 출품부터 판매까지 진행함으로써 생산물의 가치를 높이고 생산자가 자신의 일의 가치를 체감할 수 있게 한다. 또한 이를 체감한 소비자가 소비를 늘려 경제를 활성화한다.

포켓 마르셰 / 먹는 통신 / 어린이 식교육 클럽
지속 가능한 수산업에 대해 어업인과 관련 단체와 협력하여, 실제로 지속 가능한 어업으로 잡힌 어패류와, 그 배경이 되는 정보와 콘텐츠를 동시에 소비자에게 제공하고 인식시킨다.

관계 인구 창출/지자체 지원
지속 가능한 마을 만들기를 실천하기 위해, 관계 인구를 창출하고 누구나 참여할 수 있는 지속 가능한 만들기를 지원한다. 또한 지방자치단체와 협력해 사업을 통해 지방의 사회 과제 해결에 나선다.

먹는 통신 / 어린이 식교육 클럽 / 부모·자녀 지방 유학
자연의 지속 가능성에 대해, 그곳에서 얻을 수 있는 식재료와, 그 환경에 대한 정보와 콘텐츠를 동시에 소비자에게 제공해 인식시킨다. 또한 직접 현장에 가서 프로그램을 제공한다.

* 출처: https://tinyurl.com/27lzalpt

연결의 힘은 막강하지만 막상 실제로 해보려면 어디에서 어떻게 시작해야 할까 하고 고민되는 것이 현실입니다. 다베루 통신과 아메카제타이요 사례를 통해 무엇을 느끼셨나요? '먹고 살려고 하는 일이니 역시 먹거리가 중요해', '우리나라에도 이런 잡지가 있으면 좋겠다' 이런 느낌일까요?

여기에 더하여 단지 먹거리 연결에 머무르지 않고 왜 먹거리가 중요한지 끊임없이 알리고, 생산자와 소비자를 연결하는 다양한 방식을 궁리하는 그런 '노력의 연결'이 중요하다는 생각도 함께 해보면 어떨까요?

〈시사점〉

□ 도시와 지방이 단절되는 것이 아니라 섞인 미래상을 구현한다.

□ 생산자와 소비자의 직거래로 경제적 이익, 신선 상품 배송, 깊이 있는 상품 가치를 전달한다.

□ 경제성과 사회성을 동시에 추구하는 것이 중요하다.

□ 경제적 재무제표와 사회적 재무제표를 산출한다.

□ 사회적 재무제표의 핵심은 제반 매출과 소통량, 그리고 시간이다.

□ 사회자본을 알기 쉽고 체계적인 방식으로 산출한다.

□ 관계인구를 늘리며 경제적 매출도 늘린다.

□ 머무는 지역의 체류시간만큼 그 지역으로 이동하는 시간도 모두 산출하는 상호고려 산출방식을 이용한다.

제3부

없음(無)과 있음(有)을 연결

제7장

무인역과 마을을 잇는 우아한 경험, 사토로그 마을 호텔

고향의 꿈

주식회사 사토유메[74]는 2012년에 설립된 지역전문 컨설팅회사입니다. '지역 비즈니스 인큐베이터(Local Business Incubator)'를 표방하며 지역과 관련된 모든 일을 하는데 지역 전체의 발전계획을 수립하거나 지역재생대학을 아카데미 형태로 운영하거나 지역 고유의 상품을 운영하는 등의 일을 합니다.

일본 전국을 대상으로 사업을 진행하기 때문에 많은 실적이 있지만 그 가운데 일본 최초 바이오호텔이나 마을 호텔, 그리고 이 장에서 소개할 무인역과 마을을 연결한 사토로그 호텔도 포함되어 있습니다. 특히마을 호텔은 우리나라에도 그 추진과정이 번역되어 소개된 바 있습니다.

---

74) 사토유메는 '사토(さと)'에 유메(ゆめ)'를 즉, '고향에 꿈을 구현한다'는 의미입니다(https://satoyume.com/).

〈 사토유메 시마다 슌페이 대표[75]의
『700명 마을이 하나의 호텔로: 산골 마을 고스게는 어떻게 지방 재생의 아이콘이 되었나?』〉

* 출처: https://www.aladin.co.kr/shop/wproduct.aspx?ItemId=312471231

사토유메를 모체로 자회사 엔센마루고토(沿線まるごと) 주식회사, 주식회사 엣지(EDGE), 주식회사 미야모토(MIYAMOTO), 주식회사 카호쿠라시(かほくらし), 주식회사 본드(BOND), 주식회사 사토노히(さとのひ), 우미노마치(海のまち) 관광주식회사, 주식회사 메구루시바(巡る椎葉), 노토마루고토(能登まるごと) 주식회사가 있고, 계열사로 주식회사 100다이브(100DIVE), 주식회사 오마에노와(尾前の環)가 있습니다.

그중에 자회사인 엔센마루고토 주식회사가 운영하는 엔센마루고토

---

75) 시마다 슌페이는 사토유메뿐만 아니라 엔센마루고토(沿線まるごと) 주식회사, 100dive 주식회사, 주식회사 가호쿠라시(かほくらし), 주식회사 엣지(EDGE)의 대표도 역임하고 있습니다 (https://www.facebook.com/shumpei.shimada?locale=ko_KR).

호텔에 대해 알아보겠습니다.

무인역과 마을을 호텔 방식으로 연결

2021년 설립된 엔센마루고토 주식회사는 JR동일본여객철도 주식회사(東日本旅客鉄道株式会社)와 파트너십으로 엔센마루고토 호텔(沿線まるごとホテル)[76] 서비스를 시작했습니다. 모회사인 사토유메가 53%, JR동일본여객철도 주식회사가 47%를 출자했습니다. 이 프로젝트는 JR 동일본 스타트업 프로그램 2020에 응모한 242건의 제안 가운데 선정되어 시작된 프로젝트이기도 합니다.

이 호텔은 2025년 본격적으로 서비스를 시작한 최신 호텔로서 '기차역 마을 호텔' 서비스를 제공합니다. 철도의 무인역 정거장마다 호텔 서비스를 분리시켜 설치하여 수평형 마을 호텔[77]을 구현했습니다.

일반적인 호텔이 수직적 형태의 큰 건물에 모든 기능을 한꺼번에 넣어 서비스하는 방식이라면, 마을 호텔은 마을의 각 지점이 호텔의 기능을 담당하며 지역 활성화도 도모하기 때문에 분산형 호텔, 수평 호텔의 의미를 가집니다.

그런데 기차 이용자가 줄어들어 폐선이 늘어난 상황에서 이용도가 떨어지는 기차역을 재활용하면서 가까운 지역끼리 잇고자 시도했다는 점에서 엔센마루고토 호텔 콘셉트가 신박하다고 평가할 수 있습니다. 일

---

76) https://marugotohotel-omeline.com/
77) 마을 호텔의 개념, 사례, 의미에 대해서는 조희정·이영재·김영완. 2025.『관계인구를 만드는 N개의 방법: 사람·조직·자본·공간·목표의 연결을 위하여』. 더가능연구소. pp.165~189. 참조.

본 전국에는 무인역이 4,564개(전체 역의 48%)인 상황에서 무인역이라는 유휴자원을 효과적으로 이용한 사례이기도 합니다.

그럼, 각 지점마다 어떤 기능을 부여하며 호텔 서비스를 구현했는지 좀 더 자세히 알아보겠습니다.

이름없는 풍경을 이어 의미 부여

우선 엔센마루고토 호텔은 새로운 관광 형태로 철도 인프라와 지역 경제가 서로를 지탱하는 지속가능한 관계성을 구축합니다. 인프라를 그대로 유지하고 철로의 연결성을 살려 비즈니스 가능성을 모색하는 것입니다. 다음 그림에 나와 있는 오메역에서 오쿠다마역까지 점선으로 보이는 구간이 모두 호텔의 기능을 담당합니다.

〈 엔센마루고토 호텔 노선〉

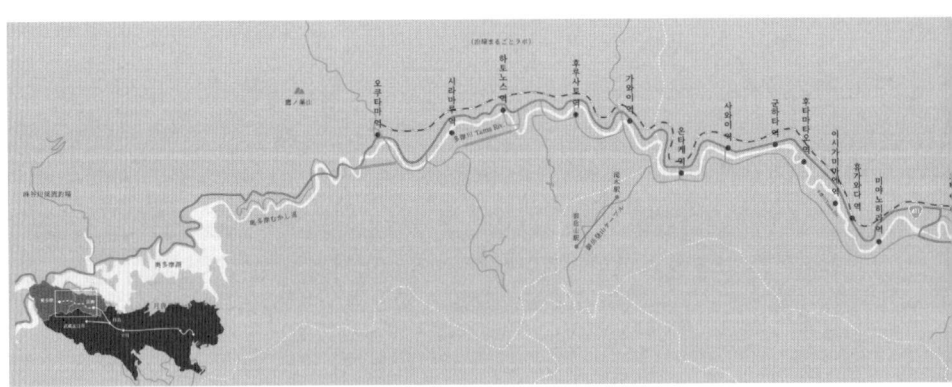

* 출처: https://marugotohotel-omeline.com/stations/

구체적으로는 도쿄 서부 오쿠타마 지역, JR 오메선(靑梅線)의 작은 무인역 하토노수역(鳩ノ巣驛)을 중심으로 역마다 컨시어지, 식당, 온천, 정원, 산책 등 호텔 기능을 구현하여 '마을 전체 호텔'을 이루도록 하는 것입니다.

21개 마을과 13개 역을 잇는 규모로써, 무인역이 호텔 프론트, 빈집이 객실, 주민은 호텔 컨시어지를 담당합니다. 프론트에 해당하는 하토노수역에 도착하면 은퇴 소방공무원이 사토로그 여권을 건네주며 삼림 가이드를 시작합니다. 이 역은 무인역이지만 완전 폐선은 아니어서 호텔이 생긴 후로 승하차 수가 늘고 있다고 합니다.

숙소로 이동할 때에는 소형 친환경 전기차('전기 툭툭')로 하거나 자전거 대여 서비스를 이용할 수 있습니다. 숙소의 이름 사토로그(satologue)는 sato(시골)와 대화(dialogue)의 합성어입니다.

총 4개의 방으로 이루어진 숙소는 지역의 130년된 주택을 개조한 것입니다. 레스토랑, 라운지, 장작 사우나, 삼림욕을 이용하거나 양어장을

〈 엔센마루고토 호텔의 리셉션 데스크 〉

* 출처: https://satoyume.com/project/3099/

메꾼 밭에서 자란 농산물을 재료로 만든 식사를 할 수 있습니다. 그 외에도 산책, 하이킹, 마을 양조장 견학 등의 코스도 있습니다. 이런 기본 시설을 갖추기까지 2021년부터 2025년까지 4년의 실증시험기간을 거쳤습니다.

〈 엔센마루고토 호텔의 경관과 구성 〉

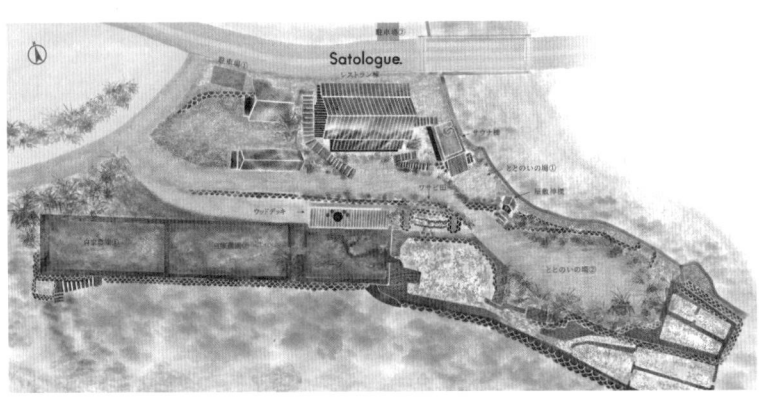

무인역 리셉션	숙박(4개 객실)
	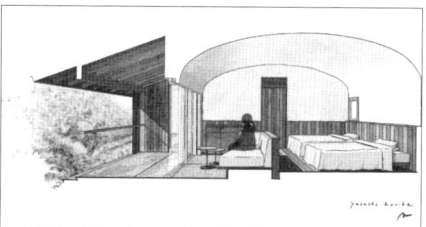
라운지	지역 전체 정원 산책
	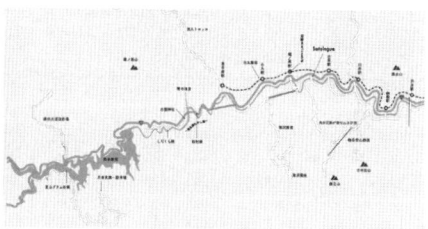

* 출처: "Transforming a Struggling Japanese Rural Railway Line into a Hotel."
(Newsweek 2025.05.23.), https://satologue.com

마을 호텔의 SDGs 기여도

엔센마루고토 호텔의 SDGs 기여도는 특히 3개 부문에서 뚜렷하게 나타났습니다. 다양한 세대의 교류, 고령 인구의 참여로 심신의 건강 활성화, 주민과의 협업을 통한 서비스 설계, 투자형 크라우드 펀딩 플랫폼 구축으로 사업뿐만 아니라 마을 경제 활성화, 주민 참여 구조 형성, 마을의 유휴자원의 효율적 활용 등이 그것입니다.

〈 엔센마루고토 호텔의 SDGs 기여도 〉

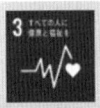
다양한 세대가 교류하면서 심신의 건강 촉진에 임할 수 있는 시설을 목표로, 지역 주민의 의견을 청취하면서, 한 사람 한사람의 요구에 접목한 사업 컨셉을 검토. 장의 설계나 서비스 내용에 활용하고 있습니다.

지역의 과제 해결을 위한 사업 확대나 신규 사업의 개시 촉진을 위해, 사업에 공감하는 사람들로부터의 소구 투자로 자금을 모아 사업 운영을 실시하는 「투자형 클라우드 펀딩」의 플랫폼을 구축하고 있습니다.

「참가형의 마을 만들기」를 내걸고, 지역 주민이나 마을에 관심이 있는 사람이 주체적으로 지역 활성화나 마을 만들기의 사업에 참가할 수 있는 구조를 제공. 빈 집 활용이나 다용도 시설의 운영 등 지속 가능한 마을 만들기에 공헌하고 있습니다.

* 출처: https://hello-renovation.jp/renovations/27447

새로운 지역 투어리즘

엔센마루고토 호텔은 새로운 지역 투어리즘을 만들어 부가가치를 만들고 지방도 연결하면서 지방 문제도 해결하겠다는 발상으로 시작되었습니다. 마을을 다니며 자연을 만끽하며 이동 그 자체로 오감을 만족하도록 모빌리티 스타트업과 제휴하여 다양한 이동수단을 갖추고, 환경 친화적인 전기차, 전기자건거도 구비했습니다.

지금은 사토로그 숙박동 1동이지만 2026년에는 전 5~8동에서 숙박 사업을 가동할 예정입니다. 투숙객의 20%가 외국인이라는군요. 일본 전역 12개 이상 지역으로 확대 예정이라고 하고, 2025년 9월 JR쿠루리선(久留里線)을 활성화하는 2차 엔센마루고토 호텔사업에 돌입했습니다.

그동안 성과를 인정받으며 2024 뉴스위크 재팬 SDGs 어워드 최우수상 및 지역과제 부문상 수상, 포브스 재팬 Xtrepreneur AWARD 2024에서 지역활성화, 모빌리티 부분 수상 실적도 올렸습니다.

의미 그 이상의 문제, 가격

이쯤에서 이런 서비스들은 얼마인지 궁금하실 겁니다. 성수기, 비수기, 혹은 할인 프로모션 등이 있어서 일률적으로 정상가를 알기 어렵지만 레스토랑 점심식사 15만 원, 저녁식사 25만 원, 사우나 10만 원, 1박 1명 55만 원(지역체험과 3식 포함) 등입니다. 매우 고가이지요.

물론 좋은 서비스는 제값을 받아야 하고, 지방은 무조건 싸다 그게 미덕이다 라고 볼 수는 없습니다. 누군가 그 취지와 가치에 공감하며 그럴 여유가 있으면 방문할 수 있습니다. 그러나 아직까지는 매우 고비용이라는 것이 이용자의 부담으로 남을 것 같습니다.

〈시사점〉

- □ 무인역을 활용하여 서비스를 개발한다.
- □ 무인역이 있는 각 마을의 자원을 활용하면 마을 전체가 호텔인 마을 호텔을 만들 수 있다.
- □ 마을 주민도 마을 호텔의 직원으로 참여하여 서비스를 개발하고 다양한 활동을 할 수 있다.
- □ 작은 마을 단위이므로 여러 가지 신기술 장치나 친환경 교통 서비스 활용이 가능하다.
- □ 지역의 원물로 훌륭한 지산지소 식단을 제공할 수 있다.
- □ 지역체험, 지역살이, 자연 등의 장점을 향유할 수 있다.
- □ 유휴자원 활용 및 연결로 지방이 활성화될 수 있다.
- □ 모든 마을 호텔 서비스가 아직은 고가여서 이용자의 부담이 될 수 있다.

제8장

'없다'와 섬의 미래를 연결, 아마섬

우리는 섬에서 미래를 보았다

우리나라에는 3,390개(유인섬 480개·무인도서 2,910개. 2025년 기준) 섬이 있으며 인구규모는 총 813,475명입니다. 일본에는 1만 4,125개 섬에 총 615,000명이 살고 있습니다(2023년 기준. 일본 자체가 섬나라여서 섬인구 통계 산출이 어렵습니다. 따라서 이 통계는 이른바 본토 외의 통상적인 작은 섬 인구통계입니다). 당연히 사람이 사는 유인도도 있고, 무인도도 있습니다.

흔히 섬은 접근성이 떨어지고, 사회 인프라 자원이 희박하며, 식수가 부족해 아껴 써야 하고, 자연재해에 무방비로 노출되어 있는 곳처럼 평가됩니다. 그나마도 육지로부터 멀리 떨어진 섬은 낙도라고 부르는 것이 현실입니다.

일본의 섬은 총 개수 면에서는 우리나라의 4배 규모이지만 인구는 우리나라보다 20만 명 적은 규모입니다. 그러나 섬 지역도 육지처럼 다양한 지역발전 프로젝트를 추진합니다. 역설적으로 섬이라는 공간은 제한된 공간에서 밀도 있게 프로젝트를 추진할 수 있는 '가장 혁신적인 실험실'이라고 볼 수도 있습니다.

카가와현 나오시마섬은 산업 폐기물 섬에서 예술의 성지로 변화하여 '아트 아일랜드'로 불립니다. 미술관이 땅속에 있거나(지중 미술관), 낡은 빈집을 예술 작품으로 개조(이에 프로젝트)하여 마을 전체를 갤러리로 만들었습니다.

나가사키현 오지카섬은 '관광하지 마세요, 생활하세요'라는 모토로 화려한 볼거리 대신, '아무것도 하지 않는 럭셔리'를 판매하며 오래된 주택을 개조한 호텔, 편의점도 없는 섬에서 현지 할머니와 함께 요리하고 낚시하는 '민박 체험'을 판매하며 '진정한 일본의 시골'로 유명해졌습니다.

미야기현 타시로섬과 히로시마현 오쿠노섬은 고양이와 토끼가 주인이 된 섬으로, 인간보다 동물이 더 유명해져 관광객이 많이 찾는 사례입니다.

나가사키현 이키섬은 'SDGs 미래도시'로 지정되어, 최첨단 IoT 기술을 활용해 양식업을 자동화하고, 원격근무센터를 유치해 워케이션을 유치하고, 니가타현 사도섬은 NFT 디지털 주민증을 발행하는 신기술 활용 프로젝트도 진행합니다.

불편함을 매력으로 포장하거나 외부인을 관계인구로 적극적으로 받아들이는 개방성 등 섬 고유의 사례는 우리나라에 몇 권 소개되기도 했습니다.

섬 재생 프로젝트의 성지, 아마섬

육지에서 배로 3시간 거리에 있는, 섬을 일주하는 데 2시간이면 충분한 시마네현의 작은 섬마을 아마(海土)섬은 섬 재생 프로젝트의 성지로 평가되는 곳입니다. 앞서 소개한『우리는 섬에서 미래를 보았다』로 국내에 소개되어 알려진 곳이기도 합니다.

아마섬은 2003년부터 꾸준히 지역 활성화 노력을 진행하여[78] 인구 2,250명 수준을 유지하고 전출자보다 전입자가 많은 '기적의 섬'이 되었습니다.[79] 최근 15년간 750명이 이주하여 350명이 정착했습니다. 정착률 50%의 실적을 올려 주민과 이주자를 구분하기 힘들 정도로 이주자

---

[78] 신순호·박성현. 2012. "도서 지역의 산업 활성화를 위한 지방자치단체의 역할: 일본 시마네현 오키군 아마쵸의 사례를 중심으로."「도서문화」Vol.39. p.270.; 김선희. 2020. "일본 오키군 아마쵸의 지역 활성화 사례 고찰."「일본사상」Vol.39: pp.133~158.

[79] 아마섬 사례는 더가능연구소. 2023.「지역기금 사례연구」. 공유를 위한 창조. pp.9~14. 참조.

가 증가한 지역입니다.

시마네현으로 IJU턴 한 사람들 중 삶의 만족도가 가장 높은 지역이고, 중앙정부 지원에만 의존하지 않고, 지자체의 노력과 제3섹터, 민간의 힘을 통해 위기를 기회로 바꾼 지역이기도 합니다.

고교 매력화에서 어른의 섬 유학 프로그램으로

아마섬이 실시한 고교 매력화 프로젝트는 폐교 위기의 고등학교를 살리기 위해 도시 학생들을 섬에 유치하는 프로젝트입니다(정확하게는 이 프로젝트는 아마섬 단독으로 추진한 것이라기보다는 시마네현립 고등학교 주도로 인근 섬들이 함께 한 프로젝트입니다).[80]

섬 학습센터를 만들어 명문대 진학률을 높이고, 섬 유학과 섬 부모라는 독특한 장치를 추진했고, 학생들에게 지역 문제 해결 프로젝트를 맡겼습니다. 그 결과 2008년 시작 후 약 10년 만인 2018년 총 학생 수는 84명에서 184명으로 늘었습니다.

2019년 부터는 섬 대사관을 운영하며 전문가 특강, 팝업 이벤트, 문화제 등을 개최하여 관계인구를 육성하고 대외적으로는 (이 책의 제2장에 소개한) 사토노바대학과 연계하여 지역 유학 프로그램을 운영합니다.

최근에는 (고교 매력화 프로젝트가 진화한 형태로) '어른의 섬 유학' 프로그램을 운영합니다. 사토노바대학 혹은 장기체류하며 지역살기 같은 프로그램입니다. 다만, 프로그램 형성과정과 진행에서 여느 지역살이와 다른

---

80) 이 프로젝트는 너무 유명해져 이후에 책과 영화로도 소개되었습니다. 山内道雄·岩本悠·田中輝美. 2015. 『未来を変えた島の学校: 隠岐島前発 ふるさと再興への挑戦』. 岩波書店.; 『僕に、会いたかった』(2019년)

특이점들을 곳곳에서 발견할 수 있습니다.

첫째, 도입과정의 타당함입니다. 이 프로그램이 만들어지게 된 전사(前史)는 2019년 대도시에서 개최된 아마섬 고등학교 졸업생 대상의 이벤트에서 시작합니다. 100명 가까운 졸업생들, 이른바 출향민들이 참여했습니다.

도시에서 생활하는 출향민 청년들은 'U턴 하고 싶지만, 생활, 일(구인) 정보를 찾기 힘들고 이주할 수 있을지 고민'이라는 의견을 제시했고, 그러한 의견에 부응하기 위해 '어른의 섬 유학' 프로그램을 시작했습니다. 즉, 갑자기 행정이 새로운 사업을 만드는 것이 아니라 어찌보면 사업의 대상자가 될 사람들이 주체적으로 행정에게 요구한 것을 행정이 수용한 것입니다.

둘째, 장기체류 프로그램입니다. 귀농귀촌 외에는 일반적으로 지방에서(그것도 섬에서) 장기체류 프로그램을 운영하는 경우는 매우 드문 것이 현실입니다. 그런데 어른의 섬 유학은 장기체류 프로그램으로써 20~29세 청년이면 누구나 3개월~1년간 섬에서 생활할 수 있고, 여름과 겨울 계절 시험 유학 프로그램도 진행합니다.

셋째, 지역 연합 프로그램입니다. 아마섬 외 근처 다른 섬을 합하여 총 5,700명 규모의 3개 섬에서 동시에 진행합니다. 인근 지역과 함께 권역별 성장을 도모하는 형식으로 규모를 확장했습니다.

넷째, 사전 오리엔테이션 기간을 길게 운영합니다. 10일간 사전 연수과정을 통해 섬 생활에 대한 대략적인 안내와 스스로의 마음가짐에 대해 주민과 교류시간을 가집니다. 여타 사업에 비해 긴 기간의 사전안내를 하며 스며들 듯 사업을 시작한다는 점이 인상적입니다.

사전 오리엔테이션과 별개로 '포켓 섬유학' 튜토리얼 앱(tutorial app, 학습 애플리케이션)으로 사전에 모바일로 섬 생활을 가상체험할 수 있는 서비스도 제공합니다. 2025년 9월부터 서비스 제공을 시작한 포켓 섬 유학은 3D 가상공간에서 섬을 걷거나 공유주택의 내부를 보거나 섬에서의 일과 교육 내용을 미리 체험할 수 있는 게임 방식의 사전 안내 서비스입니다.

〈 '포켓 섬 유학' 앱 〉

* 출처: https://tinyurl.com/27xom2ok

다섯째, 선택 코스를 운영합니다. 개인의 흥미나 능력에 적합한 섬 안의 일자리에 매칭하는 코스와 개인이 스스로 하고 싶은 프로젝트를 선택하는 두 개의 코스 중에 선택할 수 있습니다.

2025년에는 '어른의 유학 플러스 코스'를 새로 추가하여 대학 연계, 기업 연계, 전문직 연계 과정도 운영합니다. 말이 대학, 기업, 전문직 연계이지 이 먼 섬마을까지 기업이 와서 일종의 사업연수를 의뢰한다는 것은 매우 놀라운 일입니다.

그렇게 도착한 유학생들에게는 사업장에서 일하든 자기 프로젝트를 진행하든 관리비, 교통비, 체류비 등의 항목으로 최대 200만 원 내외의 활동비를 지급합니다. 단, 3개월짜리 단기 인턴십 코스에 참여할 때에는 주소를 옮길 필요가 없지만 1년짜리 코스에 참여할 때에는 주소를 이전해야 합니다.

여섯째, 당사자성을 강조합니다. 유학 프로그램 참여자들을 단순한 외지 참여자, 오래간만에 U턴 한 출향민으로 호명하는 것이 아니라 섬에서 함께 생활하는 '당사자'로 호명합니다. 사람을 받아들일 때 받아들이더라도 "당신은 누구다"라고 명확하게 정의하는 것입니다.

이런 표현은 관계인구, 생활인구를 유치하기에 급급한 것이 아니라 누가, 왜 지역에서 어떤 활동을 하고 그것은 당사자와 지역에게 어떤 이득을 만들 것인가를 고민하고 있다는 의미입니다. 정책이나 사업 설계에서는 언제나 이렇게 요소요소가 (6하 원칙에 따라) 구체적이고 명확하게 제시되어야 참여도 늘고 성과평가도 분명해질 수 있습니다. 납득해야 참여하고, 참여하여 열심히 해야 성과도 기대할 수 있습니다.

일곱째, 문화 인프라를 제공합니다. 유학생들은 관리비 부담 없이 공유주택에서 생활하며 전기자전거를 대여해주는 식으로 생활하는데 이러한 사회 인프라뿐만 아니라 섬에서 진행하는 문화 인프라 사업도 이용할 수 있습니다.

대표적인 것이 2007년부터 추진하는 '섬 전체 도서관'입니다. 아마 섬 전체에 중앙 본관과 지역 분관 도서관을 운영하며 독서 문화와 커뮤

< '아마섬의 28개 작은 도서관 〉

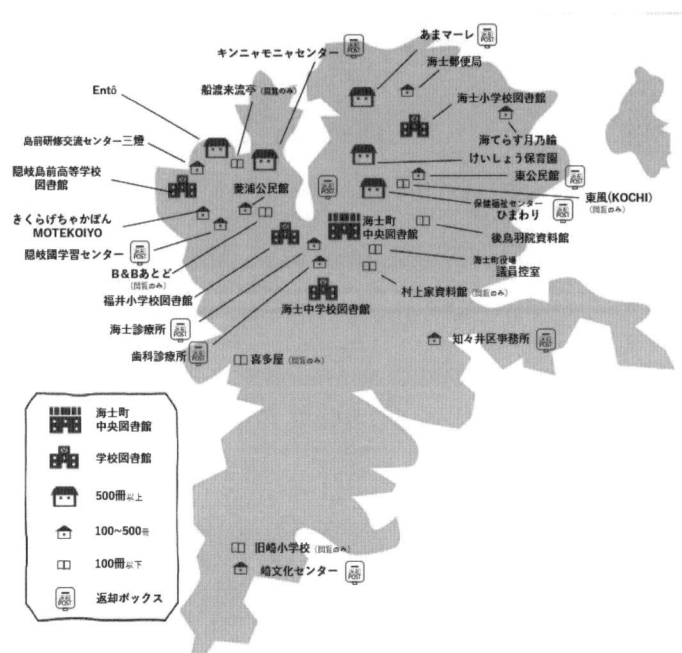

* 출처: https://ama-library.note.jp/n/n0263b168ac1f?magazine_key=mdd87cd61a6dc

니티 문화를 만드는 사업입니다. 2025년 기준 고작 2,250명 규모의 섬에 28개나 되는 작은 도서관이 섬 곳곳에 있습니다.

여덟째, 노트(note)를 통한 온라인 아카이빙과 커뮤니티 소통을 적극적으로 운영합니다. 어른의 섬 유학 로고와 웹사이트는 섬 유학생이 직접 제작하기도 했습니다.[81]

---

81) https://otona-shimaryugaku.jp/

이러한 특징으로 지금도 적극적으로 섬 유학을 운영하는데, 지금까지 5년간 500여 명이 참여했습니다.

'없다'는 것은 없다, 나이모노와 나이랩

2011년 아마섬에서 시작한 일본 최초 온라인 마을 프로젝트 '나이모노와 나이'[82]의 슬로건 '나이모노와 나이(ないものはない)'는 '없는 것은 (필요) 없다'와 '없는 것은 (그냥) 없다'는 중의적 의미입니다. 마을은 이 프로젝트를 시작하면서 '나이모노와 나이 선언'도 발표했습니다.[83]

이 표현은 '도시의 편리함은 없어도 괜찮다, 섬이지만 인간다운 삶에 필요한 것은 다 있다, 그래도 필요한 것이 있다면 스스로 만든다'는 뜻입니다. 한편으로는, 없는 것 '은' 없다가 아니라 없는 것 '이' 없다는 상태를 만드는 것이 목표라는 의미도 있습니다.

이 랩은 섬만의 독자적 문화와 전통을 가진 지역내 14개 마을에 '15번째 마을'로서 온라인에 조성된 마을입니다. 현실(문화·전통)과 가상(IT) 융합을 목표로 지역의 도전자와 외지의 관계 인구가 가진 힘으로 지역 매력을 형성하고자 하는 프로젝트입니다.

사회실험을 하기 좋은 규모에서 인생실험을 하는 것으로서 마을 직원에게 반농반어를 기초로 부업을 뒷받침하는 '반관반X제도', 마을의 귀향인이나 구직자를 담당하는 '섬의 인사부', GNH(마을총행복량)를 반영한 지역 만들기 등을 추진합니다.

---

82) https://naimonowanai.town.ama.shimane.jp/, https://ama-town.note.jp/
83) https://www.town.ama.shimane.jp/information/457

공식 앰배서더와 DAO 커뮤니티

아마섬의 참여자는 등급별로 다른 회비를 납부하고 아마섬의 공식 앰배서더 역할을 합니다. 이 제도는 2023년부터 운영[84]되었는데 초기의 나이랩 멤버 제도가 진화한 형태입니다.

초기에 제공한 특전은 ① 매월 27일 줌으로 개최되는 온라인 회의에 참여, ② '나이 랩 펀드(ないラボファンド, 없는 랩 펀드)' 투자처를 투표로 결정, ③ '작은 지역일수록 지속가능성 구현에 유리'하므로 지속가능한 지역 만들기를 위한 큰 사회 실험 'MATSURI(마츠리, 축제)'에 참여, ④ 주민 교류 회의 '나오라이(島の直会, なおらい)'에 참여(정기 회의뿐만 아니라 오프라인에서 랩 멤버가 섬에 오면 스스로 제안하여 모여서 주민과 교류), ⑤ 가상의 나이랩 마을이나 실제 마을 뉴스 수신 등입니다.

특히 ②번의 나이랩 펀드 투자처는 3개월에 한 번씩 정하는데 마을의 신사 수선(180만 원), 고등학생 경작 실험(16만 원), 청년 남녀 미팅(76만 원), 고등학생을 위한 천체 망원경 구입(40만 원), 지역살이를 배우는 사토노바대학 학생 유치(64만 원), 섬 대사관 운영(일종의 아카데미), 지역축제(170만 원), 고등학생을 위한 지산지소 식당(88만 원), 주민 복지를 위한 이동식 텐트 사우나(50만 원), 지역학습센터 동영상 제작(31만 원), 섬 대사관 팝업 이벤트(50만 원), 초등학생 레슬링팀 원정훈련 경비(100만 원) 등 주로 스스로 도전하는 사람에게 투자하는 편이지만 온라인 멤버가 효능감을 느낄 수 있는 프로젝트보다 너무 지역 중심 프로젝트가 많다

---

84) 2023년 말부터 1년간 시범운영을 거쳐 2024년 4월부터 정식 운영을 시작했습니다.

는 것이 한계이기도 합니다. 서로에게 도움되는 프로젝트 발굴이 필요하다는 의미이지요.

초기에 이런 한계를 가지던 나이랩 펀드는 지금은 아마쵸미래공창 기금으로 전환되어 운영되고 있습니다. 그리고 서로에게 도움되는 프로젝트를 발굴하기 위해 DAO(이 책의 제9장 참조) 방식으로 앰배서더의 제안도 수렴하여 관계 형성 프로젝트를 합니다.

2024년 11월부터 관계인구와 유학생들의 커뮤니티 '아마노와(あまのわ, Amanowa DAO)'도 운영합니다.[85]

이 커뮤니티의 장점은 관계인구(앰배서더)와 체류인구(어른의 섬 유학생)가 주체로서, 온라인을 통해 부담없이 지역살이에 접근할 수 있고, 게임성이 있기 때문에 즐기면서 지역에 관여할 수 있으며 지역주민과의 연결성도 형성할 수 있다는 것입니다.

〈 아마노와 DAO 〉

* 출처: https://prtimes.jp/main/html/rd/p/000000060.000073479.html

---

85) https://amb.amanowa.jp/

특히 소정의 퀘스트를 완료하면 AMA 코인을 받을 수 있고 AMA 코인을 소비하면 레벨 업 할 수 있으며 레벨에 따라 혜택을 받을 수 있습니다. 참여자는 마을 활성화를 위한 제안을 할 수 있고 DAO 내에서 기금을 창설하여 기금의 용도도 논의할 수 있습니다. 제안, 모금, 동료 모집도 한 공간에서 쉽게 할 수 있는 방식입니다.

새로운 제도로서 앰배서더의 대상은 ① 아마섬에 과거 1회 이상 체류한 경험이 있으며, 1년에 1회 이상 체류할 수 있는 사람(체류일수 불문), ② 아마섬의 마을만들기를 담당하는 일원으로서 마을의 매력을 알리며 계속 관계하고자 하는 사람, ③ 도시지역과 아마섬에서 1년에 여러 번 개최되는 아마섬 팬미팅 이벤트에 (가능한 한) 한 번은 참가할 수 있는 사람입니다.

앰배서더는 3등급으로 구분하며 연 11,000엔~110,000엔까지 회비가 있는데 이 돈은 마을에서 운영하는 아마쵸미래공창기금이 됩니다. 각 등급별 활동 목표치가 정해져 있어 높은 목표를 달성한 앰배서더는 연내 이루어지는 이벤트에서 시상하며 고마움을 치하합니다.

최근에 제공하는 앰배서더 특전은 라인으로 마을과 수시로 소통, 전용 카드 발급, 마을의 전기 자전거 대여, 마을 유일의 호텔 앙트와 숙박권, 앰배서더만의 슬랙(Slack) 커뮤니티 참여 등입니다. 앰배서더 담당 컨시어지도 있습니다. 이렇게 운영한 결과 1년간 200여 명의 앰배서더를 확보하여 매우 활발한 관계를 형성하고 있습니다.

고향납세 프로젝트

아마섬의 고향납세 기부금은 2018년 3천만 엔, 2019년 4천만 엔, 2020년 1억 엔, 2022년 2억 4천만 엔, 2024년 3억 천만 엔이 되었습니다. 1만 건 이상의 기부를 받았다고 합니다. 2,250명 규모의 작은 마을에서 매해 30억 원의 기부를 받는 것입니다.

'이득'보다 (지자체의 의지를 보고) '납득'하여 기부하게 되었다는 기부자의 소감문이 인상적입니다. 그 마음에 보답하는 답례품도 초기의 80개에서 219개로 증가했습니다.[86]

2025년 4월부터 지역 내외 4개 기관이 협업하여 지역화폐 한페이(ハ＿ンPay)를 추진 중인데 여기에도 고향납세 기부 및 현지 포인트 결제 기능을 포함시켰습니다. 기부액의 최대 30%가 고향납세 포인트(1포인트=1엔)로 환원되어, 섬 안의 가맹점에서 바로 사용할 수 있는 '현지 결제형 고향납세'를 실시한 것입니다.[87]

앙트와

2021년에 오픈한 앙트와(Entô)[88]는 섬에 유일하게 있던 마린 포트 호텔 아마를 개조한 숙박시설이자 복합시설입니다. 많은 사람이 방문하고 견학하는 곳인만큼 숙박시설이 절실하게 필요했으리라 생각합니다. 유학생을 위한 옛저택을 개조한 공유주택으로 외지인을 수용하는 데에는

---

86) https://www.furusato-tax.jp/city/product/32525

87) https://hearn-pay.jp/news/JZwVjtCq

88) https://ento-oki.jp/en/

한계가 있었을 것이고, 섬의 새로운 수익사업에 대해 궁리할 필요도 있었을 것입니다.

총 8층 36개 객실로 이루어진 이 호텔의 콘셉트도 '없다'입니다. 'honest(있는 그대로)'와 'seamless(경계가 없는)'라는 가치를 중심으로 공간을 최소화하고 유네스코에서 세계지오파크로 지정한 주변 국립공원의 경관과 어우러지는 구성을 했습니다.

〈 호텔 앙트와의 구조 〉

| 심플한 프론트 | 로비 | 객실 | 스위트룸 |

* 출처: https://ama-town.note.jp/n/n9d0a2207e1f4

민간 제3섹터, 아마 홀딩스

2018년 설립된 아마 홀딩스(Ama Holdings)는 시마네현 외딴 섬에서 섬 발전 프로젝트를 6년째 진행하는 회사입니다. 크게 4개 부문에서 사업을 진행합니다.

아마 홀딩스는 완전한 지역내 회사로서, 디펜스(방어 전략. 행정 개혁. '주민종합서비스 주식회사'를 내걸고 현장 근무 활성화를 통한 주민 설득)와 오펜스(공격 전략. 섬 전체 브랜드화)로 투 트랙 전략을 시행하는데, 행정 개혁은 현장 중심의 행정 활성화를 통해 주민 설득 구조를 형성하는 것이고, 로컬 브랜딩은 섬 전체 백화점 계획(Ama Department Store Plan), 섬 전체 도서

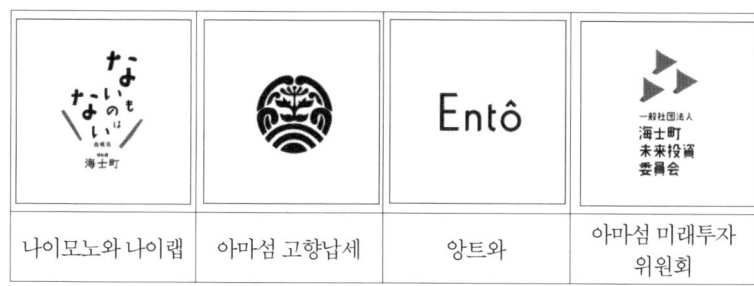

나이모노와 나이랩	아마섬 고향납세	앙트와	아마섬 미래투자 위원회

* 출처: https://amaholdings.co.jp/

관 프로젝트 등 고유의 브랜드를 지속적으로 발굴하는 것입니다.

아마 홀딩스가 구성한 지역의 가치순환 개념도는 사람, 자원, 인프라의 이동과 연결이 순환하며 마을의 가치를 늘리는 경로를 설명합니다. 따지고 보면 많은 마을들에 그림에서 각 항목으로 이어지는 화살표가 실선이 아니라 약한 점선이거나 아예 연결이 없는 곳이 많습니다.

궁극적으로는 각 항목을 연결한 화살표를 더 두텁게 만들거나 쌍방향 화살표로 하며 순환을 만들고 연결력을 강화하는 게 좋겠지요. 또한, 이렇게 한눈에 들어오는 구조를 만들면 사신의 역할이나 사업의 의미를 깨닫기도 쉬울 것입니다.

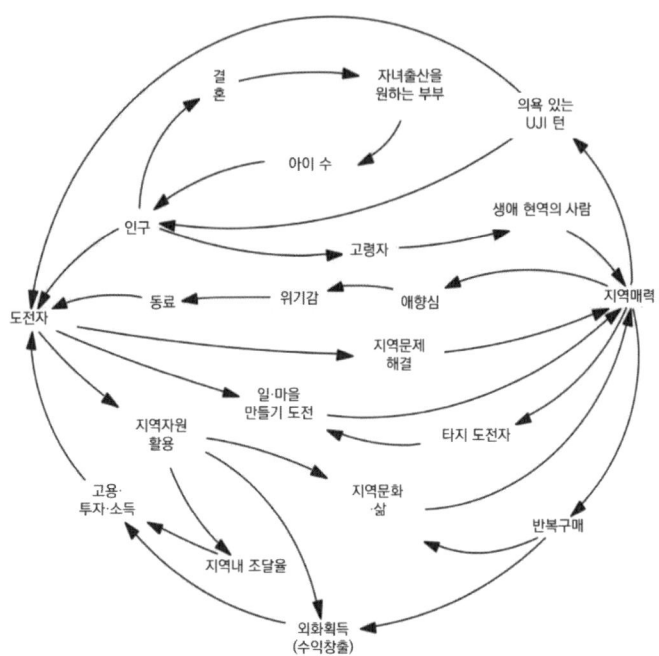

〈 아마 홀딩스의 지역 가치 순환 개념도 〉

* 출처: https://note.com/ama_holdings/n/n347abc684a33

아마섬 미래투자위원회

아마섬에는 섬의 미래를 위해 모금한 '아마쵸미래공창기금(海土町未来共創基金)'과 이를 운영하는 사단법인 아마쵸미래투자위원회(이하 미래투자위)가 있습니다.[89] 기금운영은 아마 홀딩스가 합니다.

기금의 신청 조건은 두 가지입니다. 하나는 아마쵸의 미래를 위해 투자한다, 다른 하나는 최소 500만 엔 이하 규모의 사업입니다.

---

89) https://ama-future.org/

< 아마쵸미래공창기금의 투자까지의 흐름 >

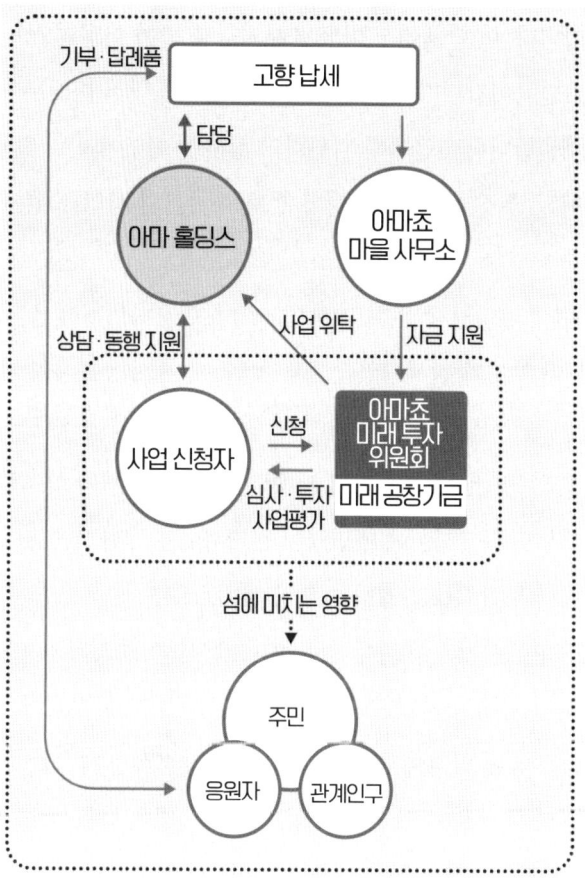

* 출처: https://ama-future.org/#about

고향납세 기부금으로 기금을 모으면 사용처는 다음과 같은 과정을 통해 찾습니다.

1단계에서 아마 홀딩스가 주민들에게 투자 안건의 사업 지원을 위한 공모를 시작합니다. 2단계에는 마을 사업자들이 아마 홀딩스에 와서 상담을 합니다. 이 단계에서 어떻게 투자금을 받아 어떻게 쓰면 좋을지 사업으로 만들어갑니다. 3단계에 소정의 양식에 맞춰 미래투자위에 신청서를 제출합니다. 4단계에 위원회의 심사가 이루어지고, 5단계에 투자가 진행된 후 6단계에 수년간에 걸쳐 투자처의 사업을 평가하는 방식입니다.

2020년에 고향납세(연간 기부액의 25%)를 활용하여 운영을 시작했고, 2021년부터 투자가 진행되었습니다. 제1기에 21개 응모사업 가운데 해삼 양식장 조성사업과 청년이 바다에 친밀감을 느낄 수 있고 관광에도 이용할 수 있는 낚시보트사업이 채택되었고, 제2기에는 식료품의 자급자족을 이루도록 가까이에서 만들어서 가까이에서 마시는 우유생산업, 바다의 매력과 안심을 연결하는 해양 서비스로써 선박 정비·수리 승계 사업, 제3기에는 논과 바다를 활용한 수제 맥주 양조 사업, 제4기에는 『마지막까지 집에서 지낼 수 있는 섬으로!』 섬 통째로 간호사 스테이션 프로젝트, 연금에 의지하지 않고, 다음 세대도 경작을 계속할 수 있는 상태를 목표로 하는 쌀 정기 판매 사업, 바다×목공 문화를 창조하는 포켓요트(소형목재요트) 사업, 2025년 제5기는 섬의 제염소를 미래로~소금을 통한 지오가스트로노미 확립사업이 채택되었습니다.

〈시사점〉

□ 아마섬은 섬 자체의 자원 부족에 멈춰 있는 것이 아니라 '없는 것은 없는 마을'을 '없는 것이 없는 마을'로 전환시킨다는 적극적인 역발상으로 프로젝트를 20여년째 추진 중이다.

□ 아마섬은 유학생이나 섬살이에 관심 있는 외부인들에게 형식적으로 주민권을 부여하는 것이 참여하고 소통하고 결정할 수 있는 실질적인 주민권을 부여하며 장기간 관계를 축적하여 이주자를 유치한다.

□ 아마섬은 유료주민권을 발행한다.

□ 아마섬은 활발하게 주민 교류 회의를 개최한다.

□ 아마섬의 섬유학 제도는 단기 인턴십 코스와 장기 1년 체류 코스로 운영하며 지역의 행정, 경제 활동을 활성화한다.

□ 아마섬의 섬유학 제도는 지역 외부의 소토노바 대학이나 지역 내부의 섬 대사관 등의 프로그램과 다각적으로 연결하여 운영한다.

□ 2,250여 명 규모의 아마섬에는 28개의 작은 도서관이 있다.

□ 아마섬의 전자화폐로는 현지에서 고향납세를 기부하고 30%에 달하는 답례품을 포인트로 받아서 현지에서 현금처럼 사용할 수 있다.

□ 아마섬의 KPI는 실질적이다. 방문자(견학 포함) 수, 관광객 수, 정착률(이주자), 출생아 수/학생 수의 변화, 그리고 삶의 행복 만족도를 측정한다.

□ 아마섬은 중앙정부의 교부금에 의존하지 않고 지방정부, 섬 행정, 그리고 제3섹터가 주민과 협력하여 아마 홀딩스라는 프로젝트를 추진하며 기획력을 늘린다.

□ 아마섬에는 미래계획을 체계적이고 실질적으로 수립할 수 있는 미래투자위원회가 있다.

□ 이런 여러 가지 프로젝트를 추진하는 아마섬은 인구 급증 지역이 아니라 관계인구의 50%가 지역에 이주하는 인구 '유지' 지역이다.

제9장

디지털과 현실의 연결, 로컬 NFT-DAO

기술 범용화

범용화(commoditization)는 '시간이 흘러 경쟁사의 제품과 기술적 격차가 좁혀지면서 제품간의 차별성이 사라지는 현상'을 의미합니다. 등장했을 때는 신기술처럼 보이지만 익숙해지면 으레 늘 있던 것처럼 여겨지는 현상입니다.

인터넷, 스마트폰, 소셜미디어와 같은 디지털 기술이나 서비스가 처음 등장했을 때, 그 기능을 익히기 위해 학원을 가던가 배우던가 하는 복잡한 과정이 있었는데 많은 사람이 사용하게 되면서 별도의 사용법을 익힐 필요가 없어졌습니다. 그래서 범용화의 또다른 표현은 대중화라고 할 수 있습니다.

2026년 디지털 부문에서 새로운 기술이나 서비스로 평가되는 것은 단연코 AI입니다. AGI가 수년 내에 이루어질 것이라는 전망도 있습니다.

그런데 (아직 AI만큼은 아니지만) NFT-DAO기술도 꾸준히 거론되는 신기술입니다. '꾸준히'와 '신(新)'이 같이 표현되는 것이 아이러니인만큼 어느 정도 주목받아왔고 기술도 혁신적이긴 하지만 아직 대중화는 되어 있지 않다는 의미입니다.

블록체인, 혁신적 분산 기술

NFT-DAO는 블록체인 원리로 작동합니다. 우리에게는 블록체인보다 비트코인이라는 상품이 더 익숙한데 블록체인 원리로 개발된 비트코인은 2009년 세상에 발표되었습니다. 그 후 어느 정도의 침체기를 겪다가 2015년부터 코인 열풍이 세상을 휩쓸기 시작했고 지금은 무수히 많은 가상화폐와 암호화폐가 거래되는 중입니다.

코인의 핵심기술로써 블록체인(blockchain)은 말 그대로 블록(block)의 연결(chain)을 의미합니다. 사용자 누구에게나 데이터가 담긴 블록이 연결되어 있기 때문에 모든 사용자는 데이터 정보를 투명하게 볼 수 있고 평등하게 관리할 수 있습니다.

블록체인 기술을 투표에 적용하면 바로바로 투표결과를 투명하게 볼 수 있어 부정투표 논란도 방지할 수 있고, 외화송금에 적용하면 제3자의 검증없이 송금할 수 있으므로 수수료도 절약하고 빠르게 송금할 수 있습니다. 사용자들이 모두 데이터의 변화과정을 지켜보기 때문에 위변조는 불가능합니다.

블록체인의 암호화, 탈중앙성(분산성), 투명성이라는 장점이 확대되면 기존에 중앙정부가 독점하고 비공개적으로 진행하던 많은 것들이 불가능해진다는 점에서 매우 혁신적인 기술로 평가됩니다. 적어도 이론적으로는 그러합니다.

NFT

한때 NFT라는 것이 화려하게 등장했던 적이 있습니다. NFT는 대체불가토큰(Non Fungible Token)입니다. NFT는 블록체인 기술을 이용해서 디지털 자산의 소유주를 증명하는 가상의 토큰입니다. 일종의 가상 진품 증명서[90]입니다.

아날로그 방식으로 권위를 가진 전문가가 진품명품을 인증하여 증명서를 발급하는 것이 아니라 투명한 블록체인 기술로써 생산되는 그 즉시 진품이라는 인증이 이루어지기 때문에 편리하고 정확한 기술로 평가받습니다.

그리고 진품이라는 기록은 블록체인에 그대로 남기 때문에 영원히 고유 가치를 지닐 수 있습니다. 마치 내 항공권은 나만 쓸 수 있는 것과 같은 대체불가성이 있다는 것이 NFT의 특징입니다. 다만, 누군가에게 평가받으면 그 가치를 높이 평가받을 수 있지만 희소성=가치는 아니기 때문에 완벽한 특징이라고 보기 어려운 측면도 있습니다.

세계적으로 이미 많은 NFT 거래소가 있고 예술 부문에서는 수많은 NFT 창작품이 거래되고 있습니다. 거리미술가로 유명한 뱅크시(Banksy)의 NFT 작품은 초고가에 거래되기도 합니다.[91] 절대 진품으로써 희소성

---

90) https://namu.wiki/w/NFT
91) "1만 조각으로 나뉜 뱅크시 그림, NFT로 팔린다."(「조선Biz」 2021.12.17.)

을 갖고 있기 때문에 거래는 확대되게 마련입니다.

그러나 이는 매우 원초적인 (어쩌면 투기에 가까운 형태의) NFT이고 그 영역이 확장되면 인간과 사회의 모든 활동에 NFT를 부여할 수 있습니다. 문제는 그 고유성(대체불가성), 희소성이 얼마나 가치를 갖고 효율성을 갖느냐는 것이겠지요.

DAO

NFT와 셋트로 거론되는 또다른 신기술은 DAO입니다. NFT가 물성을 가진 일종의 상품이자 소유물이라면 DAO는 그 유통과 순환을 가능하게 하는 구조, 공동체, 커뮤니티, 조직을 의미합니다. DAO라는 표현의 어원은 1997년 독일 컴퓨터과학 교수 베르너 딜거(Werner Dilger)의 논문에서 발견할 수 있습니다.[92]

블록체인이 공개된 분산형 거래장부인 것처럼 DAO는 블록체인 기술(스마트 계약)을 기반으로 구성원들의 투표와 규칙에 따라 자율적으로 운영되는 조직입니다.[93] 스마트 계약이란 특정 목적과 기본방향을 정한 DAO를 만들고 관련 규칙과 규정은 블록체인 기술을 활용해 코드화해서 입력하는 방식입니다.[94]

중앙관리자가 있는 위계 구조가 아니고 구성원 모두의 투명한 토

---

92) 김태진. 2024. "가상의 공동체 DAO와 기업형태로서의 활용: 사업신탁의 가능성." 「신탁연구」 6(1): p.44.

93) 통상적으로 DAO의 시초는 2016년 이더리움의 창시자 비탈릭 부테린이 만든 디지털 분산형 자율조직 프로젝트라고 평가됩니다.

94) "투명하고 자율적으로 돌아가는 조직 DAO를 부동산에서 적용할 수 있을까." (「서울경제」 2024.06: p.27.)

〈 전통적인 조직과 DAO의 거버넌스 비교 〉

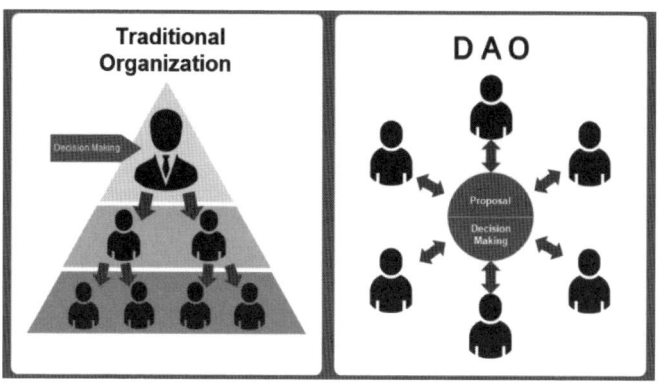

론에 의해 모든 것이 결정되기 때문에 탈중앙화 자율 조직(Decentralized Autonomous Organization)이라고도 부릅니다. 조직 내 구성원의 전원 합의로 운영되며 주주나 이사회 등 소수가 경영하는 주식회사와 달리 모든 구성원에게 평등한 자격이 주어지기 때문에 혁명적인 조직 형태라고 평가되기도 합니다. 2023년 1월 기준으로 전세계에 10,992개의 DAO가 존재하고, DAO의 거버넌스 토큰 보유자는 약 690만 명 정도입니다.[95] 일본에서는 2024년 일본 DAO협회가 설립되기도 했습니다.[96]

일본 정부의 DX 정책

일본 정부는 이렇게 등장한 NFT와 DAO를 2018년 제2기 지방창생

---

95) 김태진(2024: 43)

96) https://jpdao.org/

정책에 포함하며 세트화했습니다. (기술적인 서설이 길었지만) 앞서 설명한 기술을 '지방' 영역에, 그것도 정책으로 적용하며 디지털 기술을 지방과 연결하고자 시도한 것입니다. 지방에서의 기술 범용화를 추구한 것이지요. 이 시기부터 관계인구 정책과 지역 디지털화 정책(DX, Digital Transformation)이 본격적으로 시작했다는 것도 눈여겨봐야 할 지점입니다.

그 연장선상에서 2026년 1월 기준 일본 전국 47개 도도부현에서 시행 중인 분야별 NFT는 총 350개에 달합니다.[97] 불과 3년 전, 2023년까지만 해도 그 규모는 42건에 불과했는데[98] 9배 이상 규모로 확대되었습니다.

그렇다면 지방에서 NFT-DAO를 적용한 구체적인 사례는 무엇이 있을까요?

멤버십 NFT

홋카이도 유바리의 유바리 멜론 '디지털 앰배서더'[99]는 디지털 회원증 NFT를 구입하여 JA 유바리시 공인 디지털 앰배서더가 될 수 있는 서비스입니다. 회원이 되면 실물의 유바리 멜론 증정, NFT 한정 커뮤니티 참여, 지역특산품 한정 특전이나 체험 특전이 있습니다. 이 서비스는 2023년 유바리 멜론을 NFT로 보낼 수 있는 'MeTown.Gift' 서비스로 발전했습니다.

멤버십 NFT로 가장 유명한 사례는 니가타현 야마코시(山古志)의 니

---

97) https://www.web3-chihou-sousei.net/chihou-jititai/web3-jirei-47-todoufuken-all/

98) 이미선·김동인·조민선. 2023.11.09. "NFT-DAO로 시작하는 지방 살리기."「HOR Report」(https://tinyurl.com/2c4262x9).

99) https://www.metown.xyz/

〈 유바리 멜론 NFT 〉

✅ 夕張メロンNFT 2024

2024.4-7
w/ 夕張市農業協同組合

 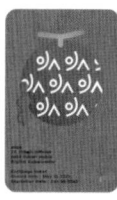 

✅ 夕張メロンNFT 2023

2023.1-7
w/ 夕張市農業協同組合

* 출처: https://www.metown.xyz/

시키고이(Nishikigoi, 비단잉어) NFT입니다. 인구 760명, 고령화율 56.4% 의 극심한 인구 위기에 직면한 야마코시는 2021년, 지역의 유명한 비단 잉어[100]를 모티브로 니시키고이 NFT를 발행하여 큰 인기를 끌었습니다.

　치음에는 신기술에 익숙한 영미권으로부터 반응이 올 것이라고 예상 했는데, 정작 발행한 후에는 일본이나 아시아 지역의 반응이 크게 나타 났습니다. 작은 시골 마을에서 새로운 시도를 한다는 것에 매력을 느껴 구입했다는 사람들이 많았다고 합니다.[101] 2024년까지 2,900점이 발행

---

100) 야마코시는 비단잉어(니시키고이)가 처음 발견된 지역으로 유명합니다.

101) 竹之内祥子. 2024. "地域のファンとリアル住民をデジタルでつなげ, 地域を再興する." 「ア ド·スタディーズ」. Vol.89. p.44.

되었고, 유니크 홀더(holder, NFT 보유자) 1,658명의 성과를 올렸습니다.[102]

이 프로젝트가 다른 디지털주민증보다 주목받은 이유는 구매자의 적극적인 참여를 유도했기 때문입니다. 마을 운동회 참여, 온라인 지역 팬클럽 활동, 지역 체류, 자원봉사 뿐만 아니라 온라인 커뮤니티에서 토론하고 투표하고 참여하며, NFT 구매자가 야마코시 지역을 방문하면 주민들이 자발적으로 환영하고 돕는 문화가 형성되었습니다.[103]

〈 니시키고이 NFT(니가타현 야마코시) 〉

* 출처: "NFTを使って村民になる？「ネオ山古志村」に広がる「デジタル村民」！."
(『ソトコト』2024.05.02.)

또한 소수의 운영진이나 핵심 멤버가 주도한 것이 아니라 이러한 공조 현상이 동시다발적으로 전개되어 새로운 지역문화가 만들어지고 니

---

102) "지자체 블록체인 사업 봇물... 차별화 필요."(디지털투데이 2023.11.23.)

103) 河村凌平. 2023. "オンラインコミュニティを端緒とした関係人口による地域おこしについての研究: Nishikigoi NFT プロジェクトを対象."

시키고이 커뮤니티는 마을 홍보 콘텐츠 제작 등을 실천하며 야마코시 DAO로 성장하였으며 여기에 다른 마을도 연결되었습니다.

고향납세 답례 NFT: 예술품, 게임

후쿠오카현은 거리의 맨홀 디자인 NFT를 발행했습니다. 일본은 지역마다 맨홀 디자인이 달라 관광객이나 마니아층의 사진수집 대상이 되기도 하는데 후쿠오카현 오카가키는 NFT 커뮤니티 'Big Hat Monkeys'와 협업하여 '맨홀 디자인 NFT 아트'를 고향납세 답례품으로 발행했습니다. 100건 한정으로 건당 기부금 20,000엔을 받는 규모입니다. 이와 같은 맨홀 디자인 NFT는 기타규슈에서도 진행하는데 100건 한정으로 건당 기부금 6,000엔을 받습니다.

〈 맨홀 디자인 NFT 아트(기타규슈) 〉

* 출처: https://tinyurl.com/238tb6td

홋카이도 요이치의 고향 납세 NFT 'Poki'[104]는 2022년 NFT 크리에이터 Poki의 'Yoichi Mini Collectible Collection No.1' 54종류를 고향납세 답례품으로 제공한 사례입니다. 장당 12만 엔의 매우 고가의 기부를 받았는데 완판되었습니다. 기부자에게는 지역의 희귀 와인을 우선 구매할 수 있는 추첨에 참여하는 혜택을 부여합니다.

요이치의 또다른 고향납세 답례 NFT는 2022년 국내 최대 NFT 프로젝트 크립토닌자파트너스(CryptoNinja Partners)와 협업한 '고향 CNP(ふるさとCNP)'입니다.[105] 이 답례품은 홋카이도 아시베츠와 메무로에서도 답례품으로 사용합니다.

이 NFT는 사용되고 있는 부품이나 배경에 요이치 고유의 풍경이 그려져 있으며, 총 222점을 발행했습니다. NFT 1점당 3만 엔으로 기부 접수를 시작했는데 단 3분 만에 완판되었습니다. 이 NFT를 보유한 사람은 요이치의 인기 와이너리에서 생산된 와인의 우선 구입권 추첨에 참가할 수 있는 혜택이 있습니다.

요이치에서는 일본 최초로 게임 아이템을 답례품으로 제공하기도 했습니다. 2022년부터 제공된 이 답례품은 '마이 크립토 히어로(My Crypto Heros)'[106]의 게임 아이템으로서 기부금 20만 엔에 아이템 1종 20장, 기부금 3만 엔에 아이템 2종 각 100장씩 총 220장을 제공합니다. 요이치의 특산품인 와인통을 모티브로 제작한 희귀한 아이템입니다.

---

104) https://tokken.alyawmu.com/
105) https://www.cryptoninja-partners.xyz/
106) https://www.mycryptoheroes.net/

사회 인프라 NFT

2023년 오키나와전력은 NFT 철탑 카드 판매를 시작했습니다. 오키나와전력에는 지역 내 1,200개의 철탑이 있는데 그중에 5개 철탑을 카드로 제작하여 발행한 것입니다. 이 카드를 통해 시민들이 전력의 안정적 공급을 담당하는 송배전 설비에 흥미를 갖게 하는 것을 목적으로 합니다. 발행 후 2일 만에 50장을 완판했습니다.

JR 규슈(규슈 여객철도 주식회사)는 교환 예정인 하카타역 구내의 선로를 활용해 실물 선로의 일부와 사용 기록부 NFT를 세트로 한 '레일 메모리얼 NFT'를 판매했습니다. 30개 한정으로 발행하여 구입자에게는 실제 기차 레일 조각 기념품 약 500g과 선로 설치시의 화상자료나 선로 사용 이력을 기록한 NFT를 제공합니다.

구입자는 후쿠오카현 내에서 개최하는 '선로 절단 이벤트'에 초대되어 직업 선로를 절단하는 특별한 경험을 할 수 있습니다. 철도 팬들에게 유일무이한 소유 증명과 스토리성을 부여해 체험 가치를 높이려는 시도입니다.

이 외에도 'JR규슈 NFT 프로젝트'[107]를 통해 철도를 기점으로 한 새로운 가치 제안이나 관광 자원을 확장하고자 합니다.

---

107) https://nft.jrkyushu.co.jp/

〈 JR 큐슈 NFT의 특징 〉

* 출처: https://nft.jrkyushu.co.jp/faq/

빈집 및 부동산 조각투자 DAO

우리나라의 빈집(혹은 유휴 부동산) 비율은 광역 단위별로 (서울을 제외하고) 최소 4.8%(대구), 최대 15.2%(전남)에 달합니다.[108] 빈집에 대한 정확한 전수조사, 효율적인 빈집 관리 등은 오랫동안 반복하여 발생하는 문제임에도 불구하고 빈집은 계속 늘어만 갑니다. 고치는 데 돈이 많이 들어서, 소유권이 명확하지 않아서 등의 문제로 방치되는 이유도 제각각입니다.

국토연구원에서는 새로운 상품으로써 고향부동산 토큰 증권(H-REST,

---

108) 송하승·최명식·이정민. 2024.09.24. "부동산 플랫폼 투자를 활용한 고향사랑기부제 활성화 방안." 「국토이슈리포트」 No.87. p.2.

Hometown Real Estate Security Token)을 제안합니다. 지분투자형, 대출형, 후원형, 기부형 등 4개 유형이 있는데 고향사랑기부자가 답례품으로 쪼개진 유휴 부동산의 소유권을 받는 것입니다. 향후 이 부동산에서 수익이 발생하면 그때 답례품이나 지역화폐, 혹은 그 밖의 적절한 보상 등 진짜 혜택이 발생하는 구조입니다.

즉, H-REST는 통으로 전체 부동산을 소유할 수 없지만 지자체도 관리가 힘든 유휴 부동산의 보상유지비 일부를 기부하여 일부의 부동산 소유권도 가질 수 있고, 지역의 빈집 문제에 대한 대응도 할 수 있고, 기부자는 이후에 보상을 받을 수 있는 상생구조를 형성한다는 논리입니다.

이때 진행과정에서 토큰증권 기부, DAO를 통한 스마트 계약이 이루어져 빈집 관리의 각 단계가 모두 투명해지고 관리도 쉬워진다는 의미입니다(단, 토큰증권을 고향납세 답례품으로 활용할 수 있는가는 - 토큰증권을 유가증권으로 해석할 수 있기 때문에 - 법적인 검토가 필요한 부분입니다).

커뮤니티 DAO

지역부흥협력대 부문에서도 DAO를 운영합니다. 일본에서 지역부흥협력대원이 되면 개인은 원하는 지역(그리고 지역부흥협력대를 받겠다고 하는 지역)에서 공익사업, 창업 등의 활동을 하며 최대 3년간 월 200~300만 원의 지원금을 받습니다.

지역부흥협력대 DAO는 IT에 익숙한 협력대원이 DAO 구조를 활용해 지역 외 사람들과 제휴하거나 지역 특산품 브랜드화나 관광 자원의 디지털 프로모션, 고향 납세 활성화 등 다양한 활동을 하는 것입니다.

北海道増毛町　　　　北海道滝川市

北海道余市町　　　　　　北海道紋別市

北海道京極町　　　　北海道むかわ町

富山県舟橋村　　　　新潟県関川村

鳥取市佐治町　　　　長野県川上村

山梨県山中湖村

広島県神石高原町　　　　和歌山県橋本市

熊本県あさぎり町　　　　和歌山県白浜町

香川県琴平町

* 출처:https://alyawmu.com/chiikiokoshi-dao/

DAO에 참여한 사람은 이주하지 않고도 온라인을 통해 지역 과제 해결에 참여할 수 있으며, 취미나 기능을 살려 지역 공헌을 합니다.

　가가와현의 인구 7,600여 명 규모의 고토히라는 DAO를 만들어 195명이 참여하고 있습니다. 이 조직은 주민 AI 교육, AI 관광가이드 개발, 이벤트와 프로젝트 추진 등을 통해 지역 활동 전체에 AI를 적용하고 온라인 관계인구를 확대하는 것이 목표입니다.[109]

---

109) https://discord.com/invite/DBKp7WCyJ9

홋카이도 타키가와에서는 '육아DAO'[110]를 운영합니다. 2025년 6월 시작하여 70명의 회원이 가입한 이 조직은 온·오프라인에서 아이와 부모의 기분 좋은 장소를 만들고자 합니다. 지역의 글라이더 체험이나 메타버스상의 교류 등으로 NFT나 토큰을 활용하여 지속 가능한 커뮤니티를 운영하고자 합니다. 지역 외 누구라도 참여할 수 있는 개방형 DAO인 것도 특징입니다.

일본 지자체의 DX

정책 방향과 여러 사례를 살펴본 결과, 첫째, 지역재생영역에서 디지털화 부문은 블록체인-NFT-DAO-메타버스-디지털주민증-디지털 지역화폐 세트로 추진되는 경향이 나타납니다.

둘째, 분야별로는 멤버십, 게임 아이템 구입, 관광 패키지, 축제 참여, 문화유산 관람 및 보수 지원, 예술품 소유, 애니메이션 성지 관람, 스포츠 팬클럽 응원, 특산품 구입, 재해 지원 관련 NFT이 발행되는 추세입니다.

셋째, NFT나 DAO 등의 기술에 익숙한 젊은층이나 문화예술 부문의 마니아층을 주요 대상으로 관계인구나 고향납세 기부자를 확보하고자 합니다.

넷째, 발행 NFT들은 꽤 고가입니다. 희소하기도 하고, 전문제작자가 제작하기 때문이기도 하고, 보통 기술 관련 전문 업체가 제작하기 때문이기도 한 것 같습니다.

다섯째, 발행규모가 적습니다. 단위 지자체당 NFT 100개 이하인 경

---

110) https://discord.com/invite/rbU2xPt8vd

우가 보통이고, 대부분 50개 한정인 경우가 많고, 100개 이상인 경우는 거의 없습니다. 아마도 희소성과 멤버십을 강조하기 위한 것일 텐데 이렇게 되면 어떻게 대중성을 확보할 수 있는가 하는 의문이 남습니다.

여섯째, DAO의 참여 멤버도 200명 이하가 보통입니다. IT에 익숙한 도시의 지역부흥협력대나 일부 주민이 참여하는 것으로 보여지는데 그렇다면 소수의 수평적 소통이란 결국 IT 기능 교육에 머물 가능성이 높지 않을까 하는 우려가 됩니다. 지방의 작은 마을의 주민이 모두 디지털 기술, 특히 NFT와 DAO에 익숙할 수 있을까 하는 부분은 아직도 의문입니다.

일곱째, 지자체와 기술회사의 협업, 즉 위탁제작과 같은 경우가 많습니다. 이 경우엔 당연히 지속가능성과 보안문제 이슈를 떠올리게 됩니다. 정보관리의 블랙박스 문제는 어떻게 관리될 것인가 하는 문제를 제기하지 않을 수 없습니다.

여덟째, 아마도 가장 실질적이고 세심한 주의가 필요한 부분인데, 이 모든 행위에 대한 법적 근거가 적절한가 하는 부분입니다. 즉, 토큰 답례, 부동산에 대한 조각 소유, 스마트 계약 등을 현행법이 뒷받침하고 있는가 혹은 법적 개선 가능성이라도 있는 것인가 하는 부분입니다.

아홉째, DAO는 과연 민주적일까 하는 부분입니다. 아니 DAO에서 결정되는 방식은 어떤 민주의라고 볼 수 있을까 하는 부분입니다. 이론적으로는 직접민주주의이지만 참여 범위가 완벽하게 확장될 수 있을까 하는 의문이 남습니다.

디지털의 번영과 모순, 범용화와 해킹 위험의 공존

열 번째, 마지막으로 제시할 수 있는 의문은 가장 본질적인 차원의 의문입니다. NFT-DAO는 또 다른 혁신적인 지방정책이 될 수 있을까요?

디지털의 번영을 항상 가로막는 모순(뚫지 못할 것이 없는 창과 어떤 것이든 막는 방패), 즉 해킹으로부터 자유로울 수 있을까요? 정부가 NFT-DAO를 추진한다고 지방이 저절로 자율적이고 민주적이게 바뀔까요?

인터넷의 초창기, AI의 초창기에도 신기술에 대한 낙관적 전망의 이면에 이와 유사한 의문들이 제기되었습니다. 그리고, 많은 의문에도 불구하고 범용화가 이루어지면서 많은 사고와 수습을 반복하는 과정 속에 기술을 진화해왔습니다. 앞으로 디지털 차원에서 지역재생의 한부분을 담당할 NFT-DAO도 그 연장선상에 있는 것 같습니다.

〈시사점〉

□ 많은 신기술이 지방과 연결될 수 있다.

□ 일본 정부는 NFT와 DAO라는 디지털 기술로 지방을 활성화하는 정책을 추진중이다.

□ 일본의 일부 지방에서는 멤버십 NFT, 고향납세 NFT, 게임 NFT, 사회 인프라 NFT, 빈집 NFT를 발행한다.

□ 일본의 일부 지방에서는 커뮤니티 DAO를 운영하며 관계인구 확대, 민주적 마을 운영 등을 도모한다.

□ 디지털 기술의 수많은 장점에도 불구하고 보안 문제 해결은 언제나 남아 있는 과제이다.

지방의 실속을 위하여

실속: 알맹이가 되는 내용, 알짜 이익

이 책은 단순 사례 나열이나 홍보 목적의 책이 아니라 9개 분야의 시사점을 정리하여 조금이나마 지방에서 의미 있는 부가가치를 만드는 방법을 알아보고자 하였습니다. 더 쉽게 표현하면 '실속 있는 지방이 되자'가 핵심 메시지입니다.

성급히 가치창출이나 이익 극대화를 위해 주민의 일상이 희생되는 것이 아니라 다양한 사람들의 존재와 이익, 주변 자원의 활용도, 이미 존재하는 것들에 대한 애정과 존중을 차분히 고려하며 하루하루 알차게 일을 도모하는 것이 더 좋은 부가가치 창출법임을 강조하고자 하였습니다.

거창한 슬로건이나 무작정 희망만 제시하는 계획에 휘둘릴 것이 아니라 '나와 우리의 실속'을 중심으로 차근차근 따져보는 자세가 더 필요합니다. 그러기 위해서는 이기적으로 자기 이익만 챙기는 것이 아니라 소위 '미래를 위해 실속을 차린다는 것이 무엇인가'하는 성찰부터 시작해야 합니다.

지금 당장 내게 이익이지만 우리에게 이익이 되지 못한다면 그 공동체에서 오래 살기 어렵겠지요. 우선 우리의 이익이 먼저라며 나의 이익을 희생하는 분위기가 되면 어쩌면 개인은 떠나고 싶어질지도 모릅니다.

그래서 '나와 우리'의 실속이 무엇인지, 지속가능하게 그 실속을 차릴 수 있는 것인지, 그 방법은 무엇인지 더 많이 소통하고 의논해야 합니다. 그게 합의되지 않은 채 무엇을 추진한들 그 최종 이익은 나와 우리가 아닌 다른 곳에 갈 것이고 그만큼 살기 어려워질 것입니다.

작지만 단단한 성과 축적

그 첫 걸음은 (서문에서 제시했듯이) 주로 1만 명 이하의 작은 마을 사례에서 발견할 수 있습니다. 중앙정부가 크게 신경쓰지 않는 작은 규모이더라도 그 안에서 새로운 기획이 창출되고 주민들과 더 많이 협의할 수 있는 장점에 주목했습니다.

"지역경제를 살리는 것은 그렇게 어려운 구조가 아닙니다. 지역 전체의 비용과 매출 이 두 가지만 생각하면 됩니다. 지역에서 나가는 돈을 줄이고 생기는 가치의 양을 높이는 것뿐입니다. 사실은 단순한 구조입니다...

지역경제가 효과적으로 만들어질 수 있는 지역만의 규모가 있습니다. 지자체와 지역 규모가 너무 크면 플레이어가 많기 때문에 관리하기 어렵습니다. 용량 범위를 초과합니다. 너무 복잡하여 동시처리가 불가능합니다.

하나의 생활권으로 인식될 수 있는 정도의 범위가 적당합니다. 하나의 학군, 큰 시의 상점가같은 규모면 좋겠지요. 인구 수천 명 정도가 좋습니다...

즉 이주성과 밀도가 중요합니다. 공간이 넓으면 밀도를 높이기 위해 너무 많은 에너지가 소비됩니다. 큰 방을 덥히려면 보일러를 오래 틀어야 하지요.

지역 활동도 마찬가지입니다. 작은 방을 데우고 또다른 작은 방을 데우는 편이 하고 싶은 일을 실현하기 쉬운 방법입니다. 조금씩 밀도와 에너지양을 올리는 것이 효과적입니다."[111]

2000년 일본에서는 '헤이세이(平成) 대합병'[112]이라는 지자체 합병 정책이 실시되었습니다. 정부가 나서서 몇 개 지역끼리 합병하여 사회 인프라를 한 곳으로 집약시키고 마을 정비도 하면 혜택도 주겠다고 했습니다.

많은 지역이 합병 여부를 토론하기 위해 주민토론회를 열었습니다. 주로 상대적으로 작은 규모의 지역들이 거세게 반대했습니다. 더 큰 지역으로 중심부가 옮겨가면 우리는 더 멀리 다녀야 하니 좋을 게 없고, 도대체 뭐가 좋냐고 갑론을박이 이어졌습니다.

공교롭게도 연구팀이 연구하면서 발견한 괜찮은 사례들은 교부금을

---

111) 牧大介. 2018.『ローカルベンチャー: 地域にはビジネスの可能性があふれている』. 木楽舎(윤정구·조희정 역. 2021.『창업의 진화: 로컬벤처와 지역재생』. 더가능연구소. pp.145~147.).

112) 2000년, 정부는 시정촌 병합을 통해 지자체 수를 1,000개로 조정한다는 방침을 발표했는데 당시 총 지자체 수는 3,252개였습니다. 정부는 합병 지자체에게 많은 재정 지원을 약속했습니다. 지방채의 하나인 합병특례채는 대상 사업비의 95퍼센트로 충당하고 원리상환금의 70퍼센트를 차년도 보통교부금으로 충당하는 파격적인 조건을 내걸고 합병을 촉구한 것입니다. 삼위일체 개혁으로써 지방교부세 대폭 삭감도 제시했습니다. 어떻게든 자립을 이어가며 활기를 되찾고자 노력하는 지자체에게 '합병하지 않으면 용돈을 줄일 거예요'라는 식의 말로 악마의 속삭임을 건넨 것이었습니다. 당근과 채찍을 동반한 합병추진정책이었지만 이 정책에 의해 전국의 지자체가 합병이냐 자립이냐의 선택의 기로에 내몰렸고 재정 불안을 떠안은 지자체는 대부분 합병을 선택할 수밖에 없었습니다(黒井克行. 2019.『ふるさと創生: 北海道 上士幌町の キセキ』. 木楽舎. 윤정구·조희정 역. 2021.『시골의 진화: 고향납세의 기적, 가미시호로 이야기』. 더가능연구소. pp.41~42).

준다 해도 합병하지 않은 마을들입니다. 합병보다 자립을 선택한 그나마 주인의식이 있는 마을들이었습니다. 당연히 (더 큰 이익을 얻을 수 있는) 큰 마을보다는 (상대적으로 불리할 게 뻔한) 작은 마을들이 많습니다.

그 마을들의 주민들이 큰 마을 주민보다 생활 터전에 대한 애착심이 강했다는 것이 아닙니다. 다만 내가 사는 곳이 합병이라는 큰 위기에 처하자 '나는 어디에서 왜 살고 있는가'에 대해 새삼스럽게 다시 생각하면서 삶의 조건을 성찰하게 되었겠지요.

그 과정에서 아마도 애착심보다는 '내 의견을 표명하겠다'는 참여의식이 먼저 생겼을 겁니다. '합병 반대 과정에서 비로소 공동의 공간인 마을에 주인의식을 가진 사람들의 목소리가 들리기 시작했고, 그게 그 이후 10여년 이상 진행된 재미있고 의미 있는 마을 만들기 프로젝트의 시작점이 되었다'는 것이 연구팀의 가설입니다.

성급한 카피는 급체의 지름길, 미래는 서류로 만들 수 없다

대부분의 사례에서 두드러지게 나타나는 특징은 '일단 하자, 그러나 급하지 않게, 꼼꼼하게, 그리고 최대한 모두 행복해지는 방향으로' 였습니다.

제1장의 히가시가와 지역의 '너의 의자' 프로젝트는 원래 유명한 프로젝트이지만 그 유명세에 도취되어 아기 의자만 대량생산하는 곳이 되었다면 어땠을까요? 지방대학들이 사토노바대학 모델이 괜찮으니 우리도 도입해서 학생들을 많이 모집에서 전국에 다 돌아다니게 하자는 식으로 시행한다면 성공할까요? 좋은 게 좋은 거니 주민등록증처럼 특별

한 '증' 하나 만들자고 대대적으로 홍보하고 모든 지방이 그걸 발급하고 자 노력한다면 어떨까요?

결코 만족할 만한 성과를 기대하기 어려울 겁니다. 일상생활 속에서 꾸준히 다른 이들과 집요하게 협업하는 방식을 연습하며 실근육을 단련 하듯 접근하지 않으면 급작스러운 성과는 나타나기 어렵습니다.

이 책에서 계속 년도를 분명히 표기하고자 하는 것도 바로 이런 이유 입니다. 잘 살펴보면 계획을 빵빵하게 세워서 예산을 척척 확보하여 큰 성과를 거둔 사례라기보다는, 보통 10년이상 이 궁리 저 궁리하면서 시 행착오를 거듭한 끝에 그나마 형태라도 갖춘 사례가 대부분입니다. 모 든 것은 일상에서 시작하는 것이지 결코 서류 계획에서 시작되는 것이 아닙니다.

마을 만들기, 지역 위기 등을 운운하는 시대이긴 하지만 아주 많은 사 람들이 '생업 때문에 헉헉 거리고 사는데 새삼 마을의 일이라니, 그런 건 봉사정신이 투철한 사람들이 하는 것 아닌가', '마을의 일을 내가 왜 해 야 하나'라는 생각을 합니다.

개인을 희생하고 公公의 일에는 참여할 의지도 능력도 없다고 생각 하는 사람도 많습니다. 화려하고 공허한 수사에 휘둘려 성급히 지역가 치 실현에 몰입하느니 지금 내가 할 수 있는 것, 하고 싶은 것에 집중하는 것이 훨씬 생산적이라고 생각하기도 합니다.

거창한 계획이나 장기 비전 같은 것에도 진정성이 있겠지만 앞으로 지역사회에서는 누구나 납득할 수 있는 섬세한 진정성과 공정성이 더 중요해질 것입니다. 비단 AI의 힘을 빌리지 않더라도 사람들은 행정가나 정치가보다 훨씬 똑똑하고 정확하게 판단합니다.

따라서 좀 더 명확하고 정확하게 의미를 설명하지 않고 막연한 기대와 어설픈 구조만 들이민다면 어떤 정책이나 사업도 결코 소기의 성과를 달성하기 어려울 것입니다. 친절하게 설명하라는 '태도의 문제'를 이야기하는 것이 아닙니다. 제발 한 번이라도 '나라면 이걸 할까?' 하는 생각을 해보고 일을 시작하길 바랍니다.

즉, 모든 지역활동은 '지역을 살리기 위한 공동체 노력'이라는 명분을 좀 더 구체적으로 제시하며 참여를 유도할 필요가 있습니다. 특히 개인과 지역의 '실용, 실리, 실익'에 집중하며 구체적인 사업을 진행해야 합니다. 개인 창업, 비영리조직, 지방정부, 그리고 중앙정부 모두 이 부분을 특히 유념할 필요가 있습니다.

이득이 아니라 납득부터

마지막으로 밝히고 싶은 것은 이 책의 사례들은 당연히 참고사례일 뿐이라는 것입니다. 지역마다 조건이 다르므로 그 어떤 사례도 다른 지역에 바로 이식되는 건 불가능합니다. 다만, 연구자는 관찰자로서 사례를 발굴하고 의미를 부여하고 해석하며 움직이고자 하는 행동력을 자극할 뿐입니다.

연구자뿐만 아니라 누구라도 'Small is the most, simple is the best', '작은 성과를 많이 축적하며 지역의 코어(core)를 만들자', '진행과정을 최대한 정성스럽게 기록하고 소통하자', '냅다 달리기 전에 숨고르며 의미를 따져보자' 그리고 '다양한 것들을 연결하는 궁리를 하자'고 그럴듯하게 말할 수는 있지만 타인의 말을 듣고 움직이면 오래 할 수 없다는 걸 누구나 알고 있습니다.

대부분의 비수도권 지역이 존재 증명하는 것만도 벅찬 현실에서 매번 거창한 계획만 발표되고, 세금은 낭비되고, 성과는 과대발표되거나 실종되는 악순환이 반복되고 있습니다. 이럴 때야말로 작은 사업이라도 우선, 시작할 때 '함께 어떤 것을 이런 방식으로 달성해보자'며 고민해보는 과정이 필요합니다. 우리에게 먼저 필요한 것은 '이득이 아니라 납득'이라는 아마섬 관계인구의 표현을 깊이 생각해볼 필요가 있습니다.

마음, 교육, 관계, 부업, 지역화폐, 먹거리, 무인역, 없음, 디지털. 이 책은 9개 아이템이 연결되어 만들어지는 작은 마을의 부가 가치구조를 살펴보았지만 둘러보면 더 많은 아이템이 얼마든지 있습니다. 아이템의 연결로 마을에 실익 있는 부가가치를 만들고 그 경험이 차곡차곡 쌓여, 평생 듣고 사는 지긋지긋한 '위기'라는 말을 '행복' 상태로 전환하는 그런 현실이 전개되길 바랍니다. 요즘 표현대로라면, 지방 '고관여층'이 많이 생겨 지방의 포텐이 제대로 터지면 더할나위 없을 것 같습니다.

| 저자 소개 |

조희정

서강대학교 사회과학연구소 SSK 지역재생연구팀 전임연구원(정치학 박사)이다. 중앙선거관리위원회, 국회입법조사처에서 근무했다. 저서『네트워크 사회의 정치와 민주주의』,『민주주의의 기술』,『민주주의의 전환』,『민주주의는 기술을 선택한다』,『시민기술, 네트워크 사회의 공유경제와 정치』,『로컬, 새로운 미래』, 공저『미국 전자투표』,『온라인 국민참여 확대』,『소셜 미디어와 정부 PR』,『공동체의 오늘, 온라인 커뮤니티』,『시민이 만든 민주주의』,『스마트 도시 리빙랩 워크북』,『로컬의 진화』,『서울에서 청년하다』,『로컬에서 청년하다』,『관계인구를 만드는 N개의 방법』,『제3의 창업시대』,『지브라와 유니콘』, 공동 번역서『마을의 진화』,『인구의 진화』,『시골의 진화』,『창업의 진화』,『로컬의 발견』,『마을 만들기 환상』,『돈 버는 로컬』,『마을을 키우는 아이들』,『도시 버리기』,『로컬 도서관의 기적』,『로컬 리노베이션』,『로컬 전략』,『비영리의 진화』,『로컬 팩트』외 다수의 논문과 공저가 있다.

이영재

서강대학교 사회과학연구소 SSK 지역재생연구팀 공동연구원(정치학 박사)이며, 한양대학교 공공정책대학원 시민사회학과 겸임교수이다. 한국정치사상학회 연구위원장, 한국NGO학회 편집이사,「감성연구」,「동양정치사상사연구」편집이사로 활동하고 있다. 저서『자유·희망·진보를 향한 교육 민주화』,『민의 나라 조선』,『공장과 신화』,『근대와 민』, 공저『관계인구를 만드는 N개의 방법』,『시민의 조건, 민주주의를 읽는 시간』,『조선시대 공공성의 구조변동』, 연구논문「인구감소시대의 지역활성화전략에 대한 연구」,「새로운 인구 개념의 정책 적용 가능성과 과제」,「근대 평등사상의 전통과 확산을 통해 본 한국 시민성 형성의 특성」,「공감장의 개념화를 위한 비판적 고찰」,「공감장 연구: 5.18을 중심으로」,「하버마스의 합리론적 생활세계 개념에 대한 공감이론적 재조명」,「5.18 민주화운동과 이행기 정의」외 다수의 논문이 있다.

김영완

서강대학교 정치외교학과 교수이며, SSK 지역재생연구팀 연구책임자(정치학 박사)이다. 연세대 정치외교학과를 졸업했으며 캘리포니아주립대 샌디에고(University of California San Diego)에서 국제개발 전공으로 석사를 받았다. 2011년에 아이오와주립대(University of Iowa) 정치학과에서 박사를 받았으며 그 후 아이오와주립대(Iowa State University)에서 2년간 강의전담교수로 일하였고 고려대학교에서 연구교수로 재직하였다. 2015년 3월부터 2021년 8월까지 한국외국어대학교 LD 학부에 교수로 재직하였다. 주요 연구 분야는 국제개발협력, 공적개발원조, 비정부기구, 국제기구, 국제법 등이다. UNICEF, 국제공화정연구소, 휴먼아시아 등 다양한 국제개발협력 관련 국제기구에서 일을 하였으며 코이카, 외교부, 통일부 등과 같이 연구를 진행하기도 하였다. 공저로『국제기구』라는 책을 집필하였으며 대표적 연구는 *World Development, Development and Change, Foreign Policy Analysis, Disasters* 등에 실렸다.

연결의 진화 – 부가가치를 만드는 지역의 실험

초판 인쇄 | 2026년 3월 5일
초판 발행 | 2026년 3월 5일
저자 | 조희정·이영재·김영완

발행인 | 서복경
펴낸곳 | 더가능연구소
판매처 | 이숲

주소 | 04071 서울특별시 마포구 성지길 36-12, 2층(합정동, 꾸머빌딩)
전화 | (02)336-4050
팩스 | (02)336-4055
이메일 | book@theposslab.kr
인스타그램 | @poss_lab

표지 디자인 | 바다야생화
제작 | 이숲

ISBN 979-11-995899-9-5 93330